DAS NETWORK-MARKETING POWER-PAAR

FRECH, WILD & FREI ZUR FINANZIELLEN UNABHÄNGIGKEIT

von Ulrike und Vijay Churfürst-Hanzal

INHALTSVERZEICHNIS

VORWORT

Wer die „Churfürsten" auf der Bühne erlebt, wird von ihnen magisch in den Bann gezogen. Ulli und Vijay haben, wenn sie gemeinsam auftreten, diese einzigartige Ausstrahlung, wie sie nur wenige Paare besitzen. Sie haben zusammen ein großes Unternehmen aufgebaut und man sieht ihnen das Glück ihres Erfolges an. Doch es ist nicht allein ihre Ausstrahlung, die diesen Eindruck hinterlässt, wenn man sie zu zweit erlebt. Es ist vor allem eine Art Schwingung, ein Gefühl, dass dieses wie selbstverständlich wirkende Miteinander auf Respekt und Verständnis basiert – und ja, auch auf tiefer Liebe. Der Betrachter spürt intuitiv, dass dieser Eindruck auf der Bühne nicht bloß eine Momentaufnahme ist, sondern etwas ganz Besonderes. Fast wie ein kleines Wunder zwischen zwei Menschen, zwischen Mann und Frau. Nicht selbstverständlich.

Man spürt auch, dass jeder der beiden genau weiß, wer er ist und was er will. Auf diesem Fundament aufbauend haben sie zusammen eine dritte Identität, ein WIR gefunden, abseits klassischen Rollenverhaltens und traditionellen Werteverständnisses. Man spürt die ungeschminkte Authentizität zweier Menschen, jeder mit seiner eigenen Persönlichkeit und gleichzeitig eine gemeinsame Ebene, die sich respektvoll aus dieser starken Einheit entwickelt hat.

Wenn ein Paar in der Öffentlichkeit so auftritt wie die beiden, weckt das in vielen Menschen die tiefe Sehnsucht, ebenfalls eine solch intensive Verbindung mit ihrem Partner zu haben. Ein gemeinsames Business, gegenseitiges Vertrauen und Verständnis, Erfolg auf Augenhöhe, wie schön wäre das? Dass diese Sehnsucht erfüllt werden kann, beweist das Erfolgspaar. Network-Marketing ist in den Augen von Ulli und Vijay Churfürst-Hanzal eines der wenigen Geschäftsmodelle, mit denen das möglich ist. Die beiden haben eine Vision: andere Menschen dazu zu motivieren, einen ebenso erfolgreichen Weg zu gehen. Egal, ob alleine oder als Paar.

Doch auch bei den Churfürsten lief nicht immer alles glatt. Ulli und Vijay mussten ihre Erfahrungen machen, Höhen, wie Tiefen, meistern und Lehrgeld bezahlen. Sie wissen aus tiefstem Herzen, dass das Leben nicht immer so ist, wie es in glanzvollen Momenten auf der Bühne erscheint. Es legt einem gern mal Steine in den Weg und zwingt einen dazu, die Liebe mit einem stabilen Fundament zu untermauern, wenn sie unterwegs nicht verloren gehen soll.
Das funktioniert nur, wenn beide Partner ernsthaft an ihrer Persönlichkeit arbeiten und sie mit dem Ziel weiterentwickeln, die beste Version ihrer selbst zu werden. Erst dann ist solch eine innige Verbindung möglich. Natürlich ist es auch harte Arbeit, so erfolgreich zu werden. Wenn die beiden heute zurückschauen, war der Erfolg und jeder einzelne Schritt, egal ob nach vorne oder rückwärts, es wert.

Ihre tiefe Verbundenheit nach außen hin sichtbar zu machen, war allerdings nicht geplant. Ulli und Vijay war es vielmehr wichtig, gemeinsam einen Weg zu finden, wie jeder von ihnen seine persönlichen Stärken ins Unternehmen einbringen kann. Und das ist ihnen absolut gelungen. Heute stehen beide selbstbewusst, glücklich und erfolgreich da. Die beiden Churfürsten haben Europas größte Organisation eines international erfolgreichen Network-Marketing-Unternehmens aufgebaut und sich, von Europa aus, in die Führungsetage einer amerikanischen Milliarden-Network-Marketing Firma hochgearbeitet. Für viele ihrer Partner, aber auch für Außenstehende, die ebenfalls den Traum vom großen Erfolg träumen, sind sie ein leuchtendes Vorbild. Sie beweisen, dass Erfolg möglich ist, wenn man fest daran glaubt und unbeirrt seinen Weg geht. Das große Geld auf die Schnelle versprechen sie hingegen nicht. Denn ein Geschäftsmodell, mit dem man ohne Einsatz und Engagement reich wird, gibt es nicht, weder im Network-Marketing noch in irgendeiner anderen Branche.

In diesem Buch berichten sie davon, wie man gemeinsam als Paar erfolgreich wird, ohne, dass die Liebe auf der Strecke bleibt. Sie wollen motivieren, inspirieren und gleichzeitig konkrete Erfolgsrezepte und wertvolle Anleitungen zum Aufbau eines Business mitgeben. Es sind ihre Erfolgsrezepte. Als Paar. Als Unternehmer. Als Führungs-Persönlichkeiten aus Leidenschaft.

Ulli und ihr Mann Vijay haben es geschafft und wünschen sich, dass auch du, lieber Leser, deinen Weg machst. Vielleicht etwas schneller als sie. Vielleicht etwas problemloser als sie. Denn die Fehler, die sie gemacht haben, brauchst du nicht noch einmal zu machen, weil sie dir zeigen, wie du sie vermeiden kannst.

Sie glauben fest daran, dass es für jeden Menschen möglich ist, sich ein erfolgreiches Business im Network-Marketing aufzubauen. Man muss es nur wollen – und eine Zeit lang Energie, Leidenschaft und Arbeit investieren. Aus diesem Wunsch heraus geben sie ihre Erfolgsrezepte preis. Nimm' davon, was du brauchst, und setze es um. Dann kannst du dem großen Erfolg kaum entgehen.

Ulrike und Vijay Churfürst-Hanzal verkörpern die Idee unglaublicher Pioniere und authentischer Young Living-Führungskräfte. Sie unterrichteten anfangs Aromatherapie mit mehr Ausgaben als Einnahmen und erkannten erst nach zehn Jahren, die unglaublichen Möglichkeiten, die ihnen Network-Marketing bot... und zehn Jahre sind eine sehr lange Zeit, um die größte finanzielle Chance der Welt zu ignorieren. Aber das Warten hat sich gelohnt.-RB

Richard Bliss Brooke

Vollzeit-Student im Network Marketing, Anwender, Erschaffender, Firmengründer und Coach seit 1977

14251 km
8855 mi INDIA
CANADÁ 2890 km
1796 mi
7846 km
4875 mi MARRUECOS
ALASKA 5628 km
3497 mi
XCARET 0 km
0 mi
33 km
20 mi XEL HÁ
HAWAII 7305 km
4539 mi
PORTUGAL
GRECIA
2277 km
1415 mi COLOMBIA
6208 km
3857 mi

EINLEITUNG – WARUM WIR DIESES BUCH SCHREIBEN

Seit Jahren nehmen wir uns vor, ein Buch zu schreiben, in dem wir unsere Erfahrungen weitergeben. Wir wollen dabei nicht nur über den spannenden Aufbau unserer Netzwerkorganisation berichten, die mit mehr als 60.000 Partnern in Europa ihresgleichen sucht, sondern vor allem darüber, wie wir beide, das Paar Ulli und Vijay Churfürst-Hanzal, es geschafft haben, erfolgreich zu werden. Jetzt ist dieses Buch endlich fertig und du hältst es in den Händen.

Vorab ein paar kurze Hinweise: Wir benutzen beim Schreiben das vertraute „Du", weil wir die persönliche Ebene, von der aus wir erzählen und die persönliche Verbindung zu dir, nicht durch unpersönliche Formulierungen brechen wollen. Wir erlauben uns auch, durchgängig die männliche Form zu verwenden. Das ist keine Missachtung der Frauen, die wir sehr wohl auf Augenhöhe adressieren, sondern es dient schlicht und einfach der besseren Lesbarkeit.

Die Zeit, in der wir dieses Buch schreiben, ist die Zeit der Corona-Krise. Ein neuartiges Virus hatte eine Pandemie ausgelöst und damit die ständig tickende Uhr in unserer schnelllebigen Zeit urplötzlich angehalten. Schlagartig mussten weltweit fast alle Menschen zu Hause bleiben, um die Ausbreitung des Krankheitserregers zu bremsen. Sämtliche Lebensbereiche wurden heruntergefahren. Auch in der Wirtschaft ging fast nichts mehr, viele Menschen haben ihren Job verloren oder mussten eine Zwangspause einlegen.

All diese Menschen sitzen zu Hause und nicht alle wissen etwas mit ihrem Tag anzufangen. Hinzu kommen die „Kollateralschäden" wie Ehekrisen, psychische Probleme und Streitereien, ausgelöst vom Lagerkoller. Wenn auf einmal die ganze Familie auf teilweise engstem Raum zu Hause aufeinander hockt, geht man sich schnell auf die Nerven.

Auch für uns war diese Phase nicht einfach. Doch wir denken anders und möchten auch anderen Mut zusprechen. Wir beide nutzen diese Krisenzeit, von der noch niemand weiß, wann sie zu Ende sein wird, um Dinge voranzutreiben, die uns weiterbringen. Corona ist für uns eine Chance, umzudenken und etwas zu verändern. Diese Sichtweise ist Einstellungssache. Es ist egal, was da draußen in der Welt passiert und ob die Krise Corona heißt oder einen anderen Namen hat. Wir leben in einer Gesellschaft, in der jeder die Möglichkeit hat, sein Leben so zu gestalten, wie er möchte. Wir wollen dich mit diesem Buch dazu ermutigen, ebenfalls eine optimistische Grundhaltung einzunehmen und deinen eigenen, ganz persönlichen Erfolgsweg zu gehen.

VIJAY ERZÄHLT Jeder von uns beiden hatte eine andere Motivation, ein Buch zu schreiben. Wenn ich, Vijay, mich beim Schreiben beobachte, merke ich, Erlebnisse festzuhalten ist, wie einen Seufzer ins Universum zu schicken. Der schwingt leise nach. Genauso halte ich beim Formulieren immer wieder inne und schreibe mir von der Seele, was längst schon hätte gesagt oder geschrieben werden sollen. Ich wünsche mir, dass die Menschen, die unser Buch lesen, spüren, wie ehrlich und offen wir unser Leben erzählen. Damit möchten wir andere inspirieren. Wir hoffen, dass viele unserer Leser auch den Mut finden, sich ihren Herausforderungen zu stellen und „Ja" zum Erfolg zu sagen. So, wie wir das damals getan haben. Wie Ulli glaube ich daran, dass es ein menschliches Bedürfnis ist, ehrlich gegenüber anderen zu sein. Nur dadurch entsteht eine tiefe Verbindung zueinander und wächst echtes Verständnis füreinander.

Wenn wir nicht zeigen, wer wir sind, wie sollen uns dann andere Menschen verstehen? Haben wir nicht schon zu viele Missverständnisse in unserer Welt, und hindert uns das nicht daran, uns so zu entfalten, wie wir tatsächlich sind und das zu leben, was wir wirklich wollen? Unser Anliegen mit diesem Buch ist, Menschen zu Ehrlichkeit und Geradlinigkeit aufzufordern und dazu, ihre Stärken zu zeigen aber auch den Mut zu haben, ihre Schwächen zu offenbaren. Wenn du das schaffst, gewinnst du auf einer anderen, höheren Ebene an Stärke. Ist es nicht das, was uns in der lauten, vom Konsum bestimmten, digitalen Zeit immer mehr verloren geht? Ehrlichkeit, der Blick fürs Wesentliche, miteinander zu leben und füreinander da zu sein? Das ist einer der Gründe, warum wir von unseren Gedanken, Gefuhlen und Motivationen erzählen. Unverfälscht. Authentisch. Ehrlich.

Auf unserer gemeinsamen Ebene sind Ulli und ich eins, auch wenn jeder von uns seine eigene Einzigartigkeit leben darf. Auf Augenhöhe, respektvoll und werteorientiert. Das ist nicht immer einfach, oft sogar eine Herausforderung, doch die bedingungslose Akzeptanz füreinander ist der Boden, auf dem wir als Paar stehen und auf dem unser Unternehmen aufgebaut ist. Sie ist der Nährboden für unseren Erfolg.

ULLI ERZÄHLT Mein Wunsch als Frau an Vijays Seite ist, vielen Menschen Mut zu machen, ihr Leben positiv zu verändern und nicht mehr das zu akzeptieren, was ihnen nicht gefällt. Ja, es braucht Mut, das zu tun!

Ich treffe täglich Menschen, die sich zwar Veränderung wünschen, aber nicht bereit sind, dafür etwas zu tun. Was für eine verschwendete Zeit! So viele Menschen warten auf etwas und wissen oft gar nicht, worauf. Manchmal warten sie sogar bis an ihr Lebensende.

Sie sterben mit dem Wunsch, dem sie nie nachgegeben haben. Ich möchte jeden unserer Leser dazu ermutigen, JETZT etwas für die eigenen Wünsche zu tun, denn irgendwann ist es zu spät. Es ist so einfach und es ist egal, wie alt du bist, woher du kommst, welche Ausbildung du hast oder was du in deinem Leben bisher gemacht hast. Es ist noch genügend Zeit, um deine Träume zu verwirklichen. Leg einfach los!

Vijay und ich beschreiben in diesem Buch unseren persönlichen Erfolgsweg. Wir beide sind das Paar, das sich gesucht und gefunden hat. Wir gehören zusammen. Von Anfang an hatten wir die Vision, gemeinsam etwas Großartiges zu erschaffen.

Nein, das Leben war uns dabei nicht immer gnädig. Ja, wir sind durch Höhen und Tiefen gegangen. Doch immer war die Hand des anderen da, bereit zu halten oder den anderen aufzufangen.

Es liegt an uns Jeder ist selbst Gestalter seines Lebens. Wir müssen es wollen, in Angriff nehmen und manchmal auch etwas Disziplin beweisen. Ich glaube daran, dass jeder Mensch all das erreichen kann, was er sich ernsthaft zum Ziel setzt und bereit ist, etwas dafür zu tun. Unsere Geschichte soll ein Beispiel dafür sein.

Was wir nicht versprechen, ist schneller Erfolg oder plötzlicher Reichtum dank Network-Marketing. Auch wenn andere, lautere Kollegen das tun, es stimmt einfach nicht. Darum bekommst du das von uns auch nicht zu hören, beziehungsweise zu lesen. Unsere Werte sind Ehrlichkeit und Geradlinigkeit. Trotzdem, oder gerade deshalb, haben wir bewiesen, dass Erfolg möglich ist. Ja, es kostet einige Zeit lang Arbeit und Energie, aber jede Minute, die du investierst, lohnt sich und zahlt sich hundertfach aus. Wir haben ein paar Jahre lang Gas gegeben und viel, viel Zeit, aber auch große Begeisterung und Leidenschaft in unser Business gesteckt. Das Ergebnis ist die Position, an der wir heute stehen. Wir haben absolute finanzielle Freiheit, Sicherheit und das Leben, von dem wir – wie viele andere – immer geträumt haben. In diesem Buch zeigen wir dir, lieber Leser, wie auch du das erreichen kannst.

Ich persönlich war seit jeher ehrgeizig und bin eine Macherin. Um ehrlich zu sein, bin ich es leid, Zeit in Menschen zu investieren, die sich immer nur etwas wünschen, wünschen, wünschen, aber nichts umsetzen. Wünschen auf der einen Seite, Jammern auf der anderen. Dazu gehörst du nicht, also fang an!

Das ist meine pragmatische Botschaft. Mach den ersten Schritt, geh endlich los! Vijay und ich öffnen dir in diesem Buch die Schatztruhe mit unseren Erfahrungen, unseren persönlichen Strategien und unserem gesamten Wissen. Wir beschreiben die Grundsätze des Geschäftsmodells Network-Marketing anhand des Unternehmens, mit dem wir erfolgreich geworden sind: Young Living.

Außerdem zeigen wir dir, welche Regeln bei diesem Geschäftsmodell zu beachten sind. Wir geben dir viele Impulse. Nimm davon, was du brauchst. Wir lassen dich an unseren Erfahrungen teilhaben, sodaß du sehr viel schneller auf die Erfolgsspur kommen kannst als wir, ohne die Fehler und Umwege, die wir gemacht haben. Als wir anfingen, gab es in Europa niemanden, der uns hätte erklären können, wie dieses Business funktioniert. Auch darum schreiben wir dieses Buch: um es dir einfacher zu machen. Wenn du dieses Buch liest, obwohl du kein Mitglied unserer Young-Living-Community bist, hoffe ich, dass wir dich so sehr für unser Konzept begeistern können, dass du Teil der Young-Living-Familie wirst und beginnst, deinen Erfolgsweg zu gehen.

Wir leben in einer Gesellschaft, in der jeder die Möglichkeit hat, sein Leben frei zu gestalten. Ob du Erfolg hast, hat mit deiner inneren Einstellung, deinem Mindset, zu tun. Auch dein Umfeld und nicht zuletzt deine Leidenschaft, die unbedingt vorhanden sein muss, wenn du ein Unternehmen aufbauen willst, ist es entscheidend für deinen Erfolg. Ausreden zählen nicht. Network-Marketing ist ideal für Menschen, die sich nicht zufrieden geben mit dem, was sie haben. Steh auf. Verändere deine Welt. Fang an und erschaffe, was du dir wünschst. Vijay und ich begleiten dich dabei.

Auch wenn wir beide unseren Weg von Anfang an als Paar gegangen sind, kannst du ihn selbstverständlich auch alleine, oder zusammen mit jemand anderem beschreiten. Das Wichtigste ist, dass du an dich und an das Business glaubst.

Wir schreiben dieses Buch für unsere Partner und für die unzähligen Menschen da draußen, die wie wir einst, eine Sehnsucht nach Erfolg in sich tragen und sich ein Leben in finanzieller Unabhängigkeit aufbauen wollen. Wir schreiben für Menschen die etwas erreichen wollen, weil es ihnen nicht genügt, dort stehen zu bleiben, wo sie heute sind. Menschen, die einen anderen Weg suchen. Wenn wir es geschafft haben, schaffst du es auch. Erfolg hat nichts mit einem bestimmten Schulabschluss oder Bildungsgrad zu tun. Jeder kann erfolgreich sein. Das Geschäftsmodell Network-Marketing, so sehr es von einigen Kritikern auch angezweifelt wird, ist das einzige Business der Welt, das jedem Menschen unabhängig von seiner Vorbildung und ohne jegliches Startkapital die reelle Chance bietet, sich eine passive Einkommensquelle aufzubauen und finanzielle Freiheit zu erreichen.

Wusstest du, dass der Brite Richard Branson, ein weltweit erfolgreicher Unternehmer und Milliardär, ein Schulabbrecher ist? Auch andere bekannte Erfolgsmenschen, wie Steve Jobs, und selbst der berühmte Wissenschaftler Albert Einstein waren eher mäßig gute Schüler.

Wir könnten die Liste der Schulabbrecher, die später überaus erfolgreich in ihrem Leben geworden sind, um unzählige weitere Namen ergänzen. Ihr Erfolgsrezept basierte nicht auf guten Noten, sondern auf einer großen Vision, viel Mut, eisernem Willen und absoluter Disziplin. Sie haben das getan, was sie für richtig hielten und unbeirrt an sich und ihre Idee geglaubt. Wir wollen dich auf keinen Fall dazu ermutigen, die Schule zu schmeißen oder deine Ausbildung abzubrechen. Wir wollen dir nur aufzeigen, dass man kein Einser-Abitur benötigt, um Erfolg zu haben.

Mit dem Aufbau deines Network-Marketing-Unternehmens kannst du problemlos nebenbei beginnen, zum Beispiel parallel zu deiner Ausbildung. Du baust das Business so lange auf, bis es dich finanziell trägt. Dann erst ist der Moment gekommen, um die Brücken zu einem langweiligen Job abzubrechen oder dich aus den Fesseln des Angestelltendaseins zu lösen.

Dafür musst du allerdings bereit sein, zunächst eine Weile Vollgas zu geben, um dein Unternehmen aufzubauen. Dass dieses Modell auch für junge Menschen, die ganz am Anfang ihrer Laufbahn stehen, funktioniert, zeigt das Beispiel unserer Tochter Alice. Sie hat sehr früh und völlig aus eigenem Antrieb heraus ihre Chance auf finanzielle Unabhängigkeit im Network-Marketing erkannt. Mit gerade einmal Anfang zwanzig erwirtschaftet sie bereits ein festes passives monatliches Einkommen. Ihre Motivation war, anders zu sein als ihre Freunde, die in ihrer Freizeit nur rumhingen. Sie wollte sich Freiraum und finanzielle Unabhängigkeit schaffen. Schon als Kind hat sie uns beobachtet und sich früh viel abgeschaut. Das verlieh ihr den Mut, schon während der Schule ein eigenes Netzwerk aufzubauen.

Heute verdient sie mehr als jeder Student, der sich mühsam in einem klassischen Nebenjob abrackert, um sein Studium zu finanzieren.

Die wichtigste Voraussetzung für einen solchen Erfolg ist die natürliche Begabung, mit Menschen umgehen zu können. Und selbstverständlich die Begeisterung für Network-Marketing. Doch um es in diesem Business tatsächlich nach ganz oben zu schaffen, braucht es Vorbilder, inspirierende Leader, an denen sich Neueinsteiger orientieren können. Jeder erfolgreiche Networker hat einen Mentor – einen Sponsor, wie wir es nennen – an seiner Seite, von dem er lernen und von dessen Erfolgsstrategien er profitieren darf. Denn im Network-Marketing geht es nicht nur um dich selbst und deinen ganz persönlichen Erfolg. Network-Marketing bedeutet auch, eine Community aufzubauen und andere auf ihrem Weg zum Erfolg zu unterstützen. Dafür sind konsequente Aufbauarbeit und ein gutes Gespür für Menschen nötig.

Alles andere lässt sich erlernen.

Deshalb erklären wir dir in diesem Buch, wie wir unsere Partner trainieren.

Erfolg zu haben, ist eine der schönsten Dinge der Welt. Ein großartiges Business aufzubauen und finanziell vollkommen frei zu sein, ist unvergleichlich. Vijay und ich zählen heute zu den erfolgreichsten Menschen im deutschsprachigen Raum. Wir sind ganz oben an der Spitze angekommen und das, obwohl wir beim Aufbau unseres Business die heutigen technischen Möglichkeiten noch gar nicht zur Verfügung hatten, sondern alles recht klassisch naiv angegangen sind. Erst jetzt fangen wir an, nach und nach innovative Tools in unserem System zu installieren, und merken, wie viel einfacher und zeitsparender sich Prozesse dadurch gestalten lassen. Die so gewonnene Zeit nehmen wir für uns, als Paar. Wenn auch du dir auch so einen Erfolg wünschst, ergreife die Chance, starte im Network-Marketing durch und lass dich von niemandem von deinem Weg abbringen.

Wir möchten mit diesem Buch allerdings auch diejenigen erreichen, die nicht daran glauben, dass sie je so erfolgreich sein können. Diejenigen, die sich gar nicht trauen, so weit zu denken. Gehörst du dazu? Dann stell dir vor, wie es wäre, ein Business aufzubauen, das dir Unabhängigkeit und Zufriedenheit verschafft. Fühlst du dich gefangen in der stressigen Elternrolle, im Hamsterrad deines Jobs oder im ständigen Existenzkampf als Selbstständiger?

Dann trau' dich, die ersten Schritte in Richtung Veränderung zu gehen. Du brauchst dafür nicht dein gesamtes bisheriges Leben über den Haufen zu werfen. Etwas Mut reicht schon aus, um dir nebenbei ein Business aufzubauen und es kontinuierlich zu vergrößern.

Wir beide wünschen uns, dass du beim Lesen dieses Buches erkennst, dass finanzielle Freiheit für jeden Menschen, also auch für DICH, erreichbar ist. Du kannst genauso frei werden, wie wir es heute sind, denn wir sind keine Superhelden, sondern ganz normale Menschen. Wenn wir es geschafft haben, kannst du es schaffen. Jeder Weg beginnt mit einem ersten Schritt. Den hast du schon gemacht – denn du liest unser Buch und willst etwas verändern.

Also... leg' los!

KAPITEL 1 – WER WIR SIND

ULLI ERZÄHLT Als Vijay und ich uns 2001 bei der Eröffnung des Gesundheitszentrums, das meine damalige Geschäftspartnerin und ich aufgebaut hatten, kennenlernten, war dies einer jener Zufälle, die einem das Schicksal manchmal direkt vor die Füße legt, damit man darüber stolpert. Dann hat man die Wahl, den Stolperstein als Chance zu erkennen und den Zufall zu nutzen oder aber diesen Wink des Schicksals unbeachtet zurückzulassen. Als ich Vijay zum ersten Mal gegenüberstand, war mir sofort klar, dass er der Mann war, den ich als Partner an meiner Seite haben wollte. Es war Liebe auf den ersten Blick, fast wie in einem Hollywood-Film. Vijay faszinierte mich und ich verliebte mich mit Haut und Haar.

Er war kurz zuvor auf das amerikanische Unternehmen Young Living gestoßen und hatte die ätherischen Öle, mit denen wir später gemeinsam so unglaublich erfolgreich werden sollten, quasi zur gleichen Zeit kennengelernt wie mich. Von Anfang an erzählte er mir begeistert davon und benutzte diese Produkte mit großer Überzeugung. Nur ein Jahr später begannen wir beide unser heutiges Business aufzubauen.

Doch alles der Reihe nach: Ich war immer schon von unternehmerischem Denken getragen. Bereits als Kind strebte ich nach Erfolg – ein Ehrgeiz, den sonst niemand in meiner Familie hatte. Zudem bin ich seit jeher ein freiheitsliebender Mensch, sehr zum Leidwesen meiner Mutter, die ich damit wahnsinnig gemacht habe. Ich war nie zur verabredeten Uhrzeit zu Hause, ständig unterwegs, wollte immer nur Spaß haben. Deshalb war ich später in meinem Berufsleben auch nur insgesamt drei Jahre lang (1991 – 1994) angestellt. Richtig angestellt, meine ich, mit all der Abhängigkeit, aber auch Sicherheit die damit einhergeht. Ich habe mich in diesen Zeiten stets gefragt, warum ich für jemand anderen schuften soll, wenn ich meine Arbeitskraft auch in ein eigenes Business stecken und damit erfolgreich werden kann. Doch mir fehlte lange die richtige Idee, womit ich mir eine Selbstständigkeit hätte aufbauen können. Daher habe ich ein paar Jahre lang alles Mögliche ausprobiert und bin schon früh auf Network-Marketing, oder eigentlich auf dessen analoge Form, den Direktvertrieb, gestoßen. Ich war noch jung, höchstens 22 oder 23 Jahre alt, als ich mit dem Vertrieb von Kosmetikprodukten anfing und damit auch sehr schnell erfolgreich wurde.

Meine Wahl fiel auf Kosmetikprodukte, weil ich als Jugendliche starke Hautprobleme hatte. Während die meisten meiner Freundinnen die Welt des Schminkens für sich entdeckten, kämpfte ich mit meinem schlechten Hautbild und dem Versuch, die Unreinheiten zu verstecken. Als ich bei meiner Suche schließlich auf wirksame Produkte stieß, wollte ich damit nicht nur mir selbst helfen, sondern auch anderen Frauen mit ähnlichen Problemen.

Nachdem ich eine Ausbildung zur Sekretärin abgeschlossen hatte, führte mich mein Weg direkt hinein in diese Welt und ich wurde Kosmetikberaterin. Innerhalb einiger Jahre konnte ich mir einen recht großen Kundenstamm aufbauen.

Doch in dem Direktvertrieb-Unternehmen lief nicht alles rund – ich wurde sogar gemobbt. Irgendwann war die Situation so angespannt, dass ich dort nicht länger bleiben wollte. Außerdem wurde mir der Job zu langweilig. Weil ich von Haus aus neugierig bin, wollte ich mehr lernen, mich weiterentwickeln. Mein Ziel war, Farb- und Stilberaterin zu werden. Doch dann war 1997 plötzlich meine erste Tochter unterwegs. Ich hatte inzwischen geheiratet. Beides hielt mich von meinem Plan nicht ab – ich schleppte sie einfach mit zur Ausbildung und stillte sie während des Unterrichts.

Alles, was ich in meinem Leben angefangen habe, setzte ich schnell, zielstrebig und professionell um. Geschäftstüchtig wie ich bin, habe ich immer Chancen erkannt und anderen eine Ausbildung oder ein Coaching angeboten. Dadurch wurden die Medien auf mich aufmerksam und ich war in verschiedenen Formaten präsent. Das wiederum gab mir die Gelegenheit,

Werbung für mich zu machen. Durch den Erfolg kam ich auf die Idee, eine eigene Ausbildungsreihe zu entwickeln. Ich hatte die Idee, die Farb- und Stilberatung um weitere Inhalte zu ergänzen und ein Gesamtpaket aus Outfit, Styling und Wellnessberatung anzubieten. Damit traf ich genau ins Schwarze und lag voll im Trend der damaligen Zeit.

Schließlich war ich so erfolgreich mit dem Konzept, dass meine Mutter und meine Großeltern, die mit mir, meinem Mann und meiner Tochter in einem Haus lebten, meinten, ich solle mir langsam einen Raum für mein Business suchen. Die Kunden gingen bei uns ein und aus.

Also habe ich bei uns im Ort 1998 einen kleinen Laden mit 70 Quadratmetern Fläche zusammen mit einer Partnerin angemietet. Sie verkaufte Mode und wollte eine kleine Boutique eröffnen. Ich bot dazu passend die Stil- und Farbberatung an. Es war eine perfekte Kombi. Sie hatte wenig Geld, da ihr Mann kurz zuvor bei einem Autounfall ums Leben gekommen war und musste um ihre Existenz kämpfen.
Ich half ihr mit dem Laden, wieder auf die Beine zu kommen.

Mein damaliger Mann hat mich immer auf finanzieller Ebene unterstützt. Ansonsten allerdings wenig und auf jeden Fall nicht so, wie ich es gebraucht oder mir gewünscht hätte. Er war Kameraassistent und viel auf Reisen. Ich betreute unser Kind die meiste Zeit allein, was nicht einfach für mich war. Da ich mitten im Aufbau meines Unternehmens steckte, hätte ich Entlastung bei der Kinderbetreuung gebrauchen können. Stattdessen jonglierte ich mich durchs Leben. Meine Tochter war stets bei mir. An meinem Ehrgeiz und meinem Drang, erfolgreich zu werden, hatte ihre Geburt nichts geändert.

Der brennende Wunsch nach meinem eigenen Unternehmen war noch immer da und mein Ziel war, das ganz große Ding aufzuziehen.

Wenn ein Paar ein Kind bekommt, hat es der Mann in aller Regel leichter. Er geht bei den meisten Familien wie gehabt zur Arbeit.

Die Frau hingegen bleibt, zumindest in der ersten Zeit nach der Geburt, daheim und stellt ihre beruflichen Wünsche und Karriereziele zurück. Da diese traditionelle Rollenverteilung auch bei uns wie selbstverständlich zu gelten schien, habe ich mich durchgekämpft, um Unternehmen und Kind gerecht zu werden.

Sich als Mutter beruflich etwas aufzubauen, ist äußerst schwierig, weil man nie Vollgas geben kann. Das war mir bewusst, doch ich nahm es in Kauf. Obwohl unser kleiner Laden nicht viel abwarf, war ich jeden Tag vor Ort, um das Geschäft am Leben zu erhalten.

Um die laufenden Lebenskosten abdecken zu können, unterstützte mich mein Mann. Das war aber auch sein einziges Engagement. Viel schlimmer jedoch war das Gefühl, dass ich mich von ihm nicht ernst genommen fühlte. Es gab Momente, in denen ich tief verzweifelt war, weil ich ihn nicht verstand. So kaufte er sich beispielsweise kurz nach der Geburt unserer Tochter einen Sportwagen, einen Zweisitzer, der vollkommen ungeeignet für eine Familie mit Kleinkind war. Ich fühlte mich in diesem Moment unendlich zurückgewiesen, weil er mit dieser Aktion mich und die Kleine ausschloss. Auch in vielen anderen Bereichen hat er immer sein Ding durchgezogen, während ich schauen musste, wie ich meine Ziele mit Kind realisieren konnte. Aus finanzieller Sicht hätte ich gar nicht arbeiten müssen, denn er verdiente genug Geld für uns alle. Aber ich war wie besessen von dieser Vision eines eigenen, erfolgreichen Business und wollte sie um keinen Preis aufgeben.

Ehe ich mich versah, wurde ich zum zweiten Mal schwanger. Die Geburt meines Sohnes im Juli 2000 überraschte mich vollkommen unerwartet, tagsüber bei der Arbeit. Ich stand gerade mit einer Kundin im Laden, als die Fruchtblase platzte. Meine damals dreieinhalbjährige Tochter schaute mich fragend an und verstand nicht, was los war. Als ich schließlich im Rettungswagen lag, ging es Schlag auf Schlag und vier Stunden später war mein Sohn geboren. Damit der Laden nicht so lange geschlossen bleiben musste, begann ich bereits kurz nach der Geburt wieder mit der Arbeit. Mein Sohn war ein sehr ruhiges Kind, entzückend und absolut pflegeleicht. Sonst hätte ich das alles nie geschafft.

Ein Jahr später, 2001 entschloss ich mich, zu expandieren und mich geschäftlich zu vergrößern. Ich hatte eine erfolgreiche Unternehmerin kennengelernt und traute mich endlich, größer zu denken.

Wir planten ein gemeinsames Projekt – in meinen Augen das ganz große Ding, von dem ich schon so lange geträumt hatte. Wie sich herausstellte, hatten wir beide davon schon lange geträumt, jede für sich. Unser Plan war, mitten in Wien ein großes Zentrum für Wellness, Lifestyle, Farb- und Stil-, sowie Ernährungsberatung zu eröffnen. Mit allem, was dazu gehört. Meine neue Partnerin war erfolgreich im Network-Marketing unterwegs. Ihr Mann arbeitete in der Bankenbranche und war eine angesehene Persönlichkeit in Wien. Er hatte alles finanziert und stellte uns ein tolles Büro im ersten Bezirk zur Verfügung. Ich konnte finanziell kaum etwas beisteuern, denn ich besaß kein eigenes Geld. Um das auszugleichen, steckte ich meine gesamte Arbeitskraft und all meine Ideen in dieses Projekt, was – gelinde gesagt - mit zwei kleinen Kindern ein täglicher Drahtseilakt und eine Mega-Herausforderung war.

Zu dieser Zeit sah ich meinem Mann kaum noch. Er war ständig unterwegs und lebte sein eigenes Leben, also habe ich meines gestaltet. Was blieb mir anderes übrig? Selbst am Wochenende wollte er seine Ruhe haben, um sich zu erholen. Damals habe ich mich innerlich langsam von ihm distanziert und mir wurde klar, dass wir uns trennen würden.

Dabei hatte zwischen uns alles so perfekt angefangen: Wir hatten eine aufregende Zeit – solange die Kinder noch nicht da waren. Wir hatten immer viel Spaß zusammen und haben unglaublich viel miteinander erlebt. Geheiratet haben wir sehr spontan in Las Vegas, wie im Film, ganz großes Kino. Da er beruflich viel reiste, bin ich meist mitgefahren, um bei ihm zu sein. Das war zwar toll, dagegensprachen aber mein starker Freiheitsdrang, mein beruflicher Ehrgeiz und der Wunsch nach finanzieller Unabhängigkeit. Dass ich in dieser Zeit kein eigenes Einkommen hatte und mir nichts leisten konnte, ohne ihn zu fragen, ärgerte mich zutiefst. Ich war vollkommen abhängig von ihm und damit fühlte ich mich nicht wohl. Ich hätte das schönste Leben an seiner Seite haben können, wenn ich nur gewollt hätte. Aber ich sehnte mich nach eigenem Erfolg. Ich wollte nie nur die Frau an der Seite von jemand anderem sein.

Daher konzentrierte ich meine ganze Energie auf die Eröffnung des Gesundheitszentrums, plante jedes Detail und arbeitete wie besessen, bis alles perfekt durchorganisiert war.

Das war der große Sprung in die Erfüllung meines lang gehegten Traumes. Mein Mann konnte an meinem großen Tag nicht vor Ort sein, er hatte Dienst. Dabei wäre es so wichtig für mich gewesen, dieses Zeichen seiner Anerkennung und Wertschätzung zu bekommen. Alle unsere Freunde waren da, auch viele Bekannte und zahlreiche neue Gesichter – alles Menschen, die unserer exklusiven Einladung gefolgt waren. Als Eröffnungshighlight planten wir verschiedene, gesundheitsbezogene und sportliche Aktionen für die Gäste, um die Philosophie unseres Zentrums darzustellen.

In all dem Trubel stand plötzlich Vijay vor mir. Es war das allererste Mal, dass ich ihn sah. Ein magischer Moment, wie eine Offenbarung. Der Funke sprang sofort über – ich war überwältigt. Vijay gehörte als Masseur zum Team einer Ärztegemeinschaft, das meine Geschäftspartnerin eingeladen hatte. Er war unglaublich gutaussehend: groß, braun gebrannt, ganz der Abenteurer. Ich war so fasziniert von ihm, dass ich mich kaum bewegen konnte.

In dem Moment unserer Begegnung wurde mir klar, dass ich in meinem Leben etwas ändern musste. Ich spürte, dass ich so wie bisher nicht mehr weiterleben wollte. Ich fühlte vom ersten Augenblick an, dass er der Mann ist, mit dem ich den Rest meines Lebens verbringen wollte. Und dass, obwohl ich nichts von ihm wusste. Ich hatte keine Ahnung, wo und wie er lebte, ob er verheiratet war, Kinder hatte. Doch in diesem Moment war alles egal. Ich konnte kaum meine Augen von ihm abwenden.

Für mich war es Liebe auf den ersten Blick. Vijay dagegen nahm mich zunächst gar nicht wahr. Er war hochkonzentriert und fokussiert auf das, was vor ihm lag: ein Vortrag über Chi-Balancing, eine von ihm selbst entwickelte spirituelle, energetische Heilmethode. Diese wollte er unseren Gästen vorstellen. Ich war in seiner Wahrnehmung in diesem Augenblick nur eine verheiratete Frau mit zwei kleinen Kindern (mein Sohn war eineinhalb, meine Tochter viereinhalb Jahre alt). Als solche war ich für ihn unantastbar. Das hat er mir allerdings erst sehr viel später mal erzählt.

Ich habe mich dann relativ bald von meinem Mann getrennt – obwohl Vijay und ich uns noch gar nicht nähergekommen waren. Es war ein mutiger Schritt, den niemand in meinem Umfeld verstand. Ich bekam jede Menge Gegenwind. Von außen gesehen hatte ich schließlich eine Bilderbuchehe geführt. Mein Mann hatte einen angesehenen Job, war sehr bekannt und erfolgreich, bekam viel Anerkennung. Aber es war sein Erfolg, nicht meiner. Als ich eröffnete, dass ich mich von ihm trennen werde, waren meine Familie und meine Freunde zutiefst schockiert. Alle hielten mich für komplett verrückt. Nur meine Mutter stand hinter mir, auch wenn sie ebenfalls fassungslos war. Doch sie kannte mich besser als alle anderen und sagte zu mir, dass das Allerwichtigste sei, dass es mir gut gehe und damit auch meinen Kindern.

Niemand verstand also, wieso ich einen Mann mit solch einem guten Verdienst verließ. Schließlich hatte ich mit meinem Geschäft in all den Jahren nie genug verdient, um mich, geschweige denn auch die Kinder, versorgen zu können. Ich war finanziell vollkommen abhängig. Nachdem ich mich von ihm getrennt hatte, blieb nichts mehr außer dem kleinen, eher unrentablen Laden.

Dennoch bin ich gegangen. Ich wollte auch keine Alimente für mich, nur das, was den Kindern zustand. Ich habe alles zurückgelassen. Mir war sehr wichtig, dass er eine gute Beziehung zu seinen Kindern aufrechterhält – und die sollte durch Streitigkeiten zwischen uns Erwachsenen auf keinen Fall belastet werden. Ich wollte, dass wir in Frieden auseinandergehen. Das ist uns gelungen.

Auch Vijay hatte damals nichts. Er hatte ebenfalls eine gescheiterte Ehe hinter sich, musste Unterhalt für seine beiden Kinder und obendrein für seine Frau zahlen. Sie war das komplette Gegenteil von mir und wollte aus der Trennung Profit schlagen. Es war eine schwierige Zeit direkt zu Beginn unserer Beziehung. Kein Geld und eine schwierige Scheidung bei Vijay. Wir mussten jeden Euro dreimal umdrehen, damit es irgendwie reichte. Nichtsdestotrotz sind wir sehr bald zusammengezogen und haben begonnen, unser gemeinsames Leben zu gestalten. Ich hatte noch meine Räumlichkeiten und Vijay gelang es, für wenig Geld einen kleinen dahinter liegenden Raum zusätzlich zu unserem Laden anzumieten. Die Waschküche. Die hat er anschließend selbst ausgebaut, um dort als Masseur zu arbeiten. Das war mühsam, mit einer Handsäge für Ziegelmauern hat er einen Durchbruch geschaffen und dann alles selbst verputzt und gestrichen. Der Raum war winzig, nur wenig größer als die Massageliege. So hat alles angefangen.

Als wir mit unserem Unternehmen gestartet sind, hatten wir also nichts: kein Geld, keine Möbel, kein Equipment. Das Geschäft lief lange mehr schlecht als recht und hat nicht viel abgeworfen. Doch irgendwie haben wir es geschafft und überlebt. Parallel dazu haben wir unser Netzwerk aufgebaut. Doch selbst nach mehreren Jahren hatten wir noch immer nicht viel. Das lag daran, dass wir so produktverliebt waren. Erst sehr viel später, etwa 2010 oder 2011, haben wir realisiert, dass es so nicht weitergehen kann und wir erkannten endlich die Möglichkeiten, die uns das Network-Marketing bot. Seitdem arbeiten wir konsequent und fokussiert daran, um uns ein großes, tragfähiges Netzwerk zu schaffen, das stetig weiterwächst.

VIJAY ERZÄHLT Als Ulli und ich uns bei diesem Event 2001 im neuen Gesundheitszentrum trafen, hatte ich kurz vorher die Scheidung von meiner damaligen Frau. Die Scheidung war ein wahrer Rosenkrieg, durch den in meinem Leben unglaublich viel kaputt gegangen ist. Ich habe durch die Scheidung nicht nur meinen gesamten Besitz, sondern auch meinen gut dotierten Job verloren.

Das war schrecklich, denn ich mochte meinen Job. Ich war als Manager für die Betreuung der wichtigsten Kunden – große Businesspartner – zuständig. Ich habe in diesen Unternehmen Teams für die Software-Programmierung verliehen. Als ich gekündigt wurde, stand ich vor dem Beruflichen Aus, ich war am Boden zerstört.

Aufgrund all dieser Geschehnisse habe ich danach den Entschluss gefasst, mich nie wieder anstellen zu lassen, sondern meine Arbeitskraft und meine Ideen fortan nur noch in ein eigenes Unternehmen zu investieren.

Ich hatte zwar als Manager gut verdient, dennoch hatte ich die Nase voll, für jemand anderen zu arbeiten und schloss das Kapitel für mich ab. Meine Idee war, neu anzufangen und mich zum Masseur ausbilden zu lassen. Die Entscheidung für diese Ausbildung musste ich damals sehr schnell treffen, weil eine Änderung der Ausbildungsverordnung anstand, die sich für mich ungünstig ausgewirkt hätte. Kurz bevor es schließlich losging, lernte ich Ulli kennen. Als wir zusammenkamen, waren wir beide in einer finanziell schwierigen Situation. Wir haben anfangs ein sehr enthaltsames Leben geführt – ähnlich eines Studentenlebens. Das Geld für meine Ausbildung haben wir von dem bisschen Unterhalt abgezwackt, den Ulli für ihre Kinder bekam.

Ich war bald in einer Ärztegemeinschaft als Masseur tätig. Dort arbeitete auch Dr. Gabriele Hauser, eine Ärztin und sehr gute Freundin, die ich seit meiner Jugend kannte. Sie war damals in einen Amerikaner verliebt und hat bei einem Besuch bei ihm in den USA die ätherischen Öle von Young Living entdeckt. Nach ihrer Rückkehr erzählte sie begeistert davon. So kam ich zum ersten Mal mit Young-Living-Produkten in Berührung.

Ulli und ich waren begeistert und wollten mehr über diese wunderbaren Öle erfahren. Young Living war zu dieser Zeit noch nicht in Europa vertreten. Darum beschlossen wir, dem Unternehmen zu helfen, die Produkte in Europa bekannt zu machen und auf den Markt zu bringen. Wir waren diejenigen, die diese Öle diesseits des Atlantiks etabliert haben. Dafür haben wir beispielsweise bei der Übersetzung von Produktinformationen geholfen und uns als Testimonial zur Verfügung gestellt. Auch sonst haben wir alles getan, um den Marktaufbau zu unterstützen und gleichzeitig unser eigenes Young Living-Netzwerk aufzubauen.

Es fiel uns von Anfang an nicht schwer, andere Menschen für die Öle zu begeistern, vor allem weil wir von den Produkten selbst überzeugt waren. Frau Dr. Hauser erklärte mir, dass diese fantastischen Öle über Network-Marketing vertrieben werden. Dieses Businesskonzept war für mich damals keine Option, aber ich fand die ätherischen Öle so großartig, dass ich anfing, sie bei meinen Massagekunden anzuwenden. Sie waren begeistert und wollten sie kaufen. So rutschte ich mehr oder weniger ungewollt in dieses Vertriebskonzept, einfach wegen der Begeisterung meiner Kunden. Ulli und ich waren regelrecht verliebt in die Produkte des amerikanischen Unternehmens und auch in dessen Philosophie und in die Vision. Selbst wenn wir den Network-Marketing-Gedanken damals für uns noch nicht adaptiert hatten - und das sollte noch eine ganze Weile dauern -, erkannten wir bereits, dass dieses Unternehmen für uns etwas ganz Besonderes werden würde.

Wir wurden also zu Pionieren – wir unter den Ersten, die diese Öle in Europa vertrieben. Angetrieben von unserer Liebe zu den Produkten investierten wir 10 Jahre konsequent all unsere verfügbare Zeit um Kunden aufzubauen. Erst seit 2010 konzentrierten wir uns auf den Aufbau des Network-Marketing. Heute haben wir ein riesiges Netzwerk und generieren Umsätze, von denen wir damals nie zu träumen gewagt hätten.

ULLI ERZÄHLT Im Gegensatz zu Vijay hatte ich dank der Kosmetikverkäufe schon etwas Erfahrung im Network-Marketing. Der Fokus lag dabei jedoch weniger auf Networking als auf dem Verkauf der Produkte. Als er mir so begeistert von den Ölen erzählte, wurde ich neugierig und wollte sie unbedingt kennenlernen. Der Schritt zum eigenen Business war dann schnell getan. Der Anfang war allerdings schwierig, denn es gab keinerlei Materialien oder Kundeninformationen in Europa. Wir mussten alles selbst übersetzen, alles, was wir brauchten, selbst erstellen. Wir haben aufgehört zu zählen, wie viele Hürden wir in den ersten Jahren nehmen und wie viele Hindernisse wir überwinden mussten.

Ein Network-Marketing-Unternehmen von Null aufzubauen und zur damaligen Zeit außerhalb der USA zu etablieren, war Knochenarbeit. Wir waren Pioniere ohne jegliche Unterstützung. Wir haben aus dem Nichts etwas Großes geschaffen. Das hatte ich mir zwar immer erträumt, aber ich hatte mir nicht vorstellen können, dass es so anstrengend werden würde. Wir wollten beide unsere Sache richtig gut machen, wussten aber nicht wie. Es war niemand da den wir hätten fragen können. Was in den USA funktioniert, funktioniert nicht automatisch auch in Europa.

Unser erster Schritt war, herauszufinden, was genau sich mit diesen sensationellen Ölen alles machen ließ. Vijay hat in den ersten Jahren noch seine Massagetherapien angeboten und dabei Kunden für die Öle begeistert. Er hatte immer direkten Kontakt zu den Menschen. Wir verfolgten zunächst den Plan, über die von ihm entwickelte spezielle Massagetechnik, bei der er die Öle benutzte, Menschen für diese Produkte zu begeistern. Interessierte konnten die Öle direkt bei uns kaufen. Wir hatten anfangs gar nicht die Absicht, ein großes Network-Marketing-Business aufzubauen, darum haben wir damit auch nur wenig Geld verdient und schon gar kein passives Einkommen erwirtschaftet. Wir sahen unsere Chance vielmehr im Ausbildungsbereich für Aromatherapie. Da ich bei meinen vorherigen Tätigkeiten Erfahrungen in Kommunikation und Verkauf gesammelt hatte, wusste ich, wie man Trainings aufbaut und verkauft. Meine Spezialität war, gute Ausbildungen zu kreieren. Daraus entstand die Idee zur Aromaakademie: Wir haben 2005 eine Schule für Aromatherapie eröffnet und zuerst selbst, später mit bis zu zehn Trainern, unterrichtet. Das sicherte schon bald unser Einkommen und lief wirklich gut. Auf diesem Wege kamen wir in Kontakt mit unzähligen Menschen und konnten viele neue Partner für unser Netzwerk gewinnen.

Alle wollten die Öle vertreiben. Mit den Jahren haben wir zwei Niederlassungen zum Unterrichten der Aromatherapie in Österreich aufgebaut. Eine in der Nähe von Wien, eine zweite in Linz. 2007 haben wir die Räume angemietet, in denen wir bis heute sind und haben dort die europäische Akademie für Aromatherapie ins Leben gerufen. Wir waren zutiefst überzeugt von dem, was wir taten und - unendlich produktverliebt. Das sind wir bis heute. Basierend auf dieser Begeisterung kamen uns immer wieder neue Ideen, die wir sofort umsetzen mussten. So begann unser Erfolgsweg.

Je länger wir zusammenarbeiteten, desto mehr merkten wir, wie gut wir uns ergänzten. Meine pragmatische Klarheit, mein Organisationstalent und meine Strukturiertheit passten wunderbar zu Vijays visionärer Denkweise und seinen Ideen zum Businessaufbau. WIR SIND WIE YIN UND YANG, das war die Basis unserer gemeinsamen Arbeit. Wir spürten die Kraft, die wir ausstrahlten und dass wir damit bei anderen Menschen etwas auslösten.

Heute wünschen wir uns, andere Menschen erfolgreich zu machen und sie zu inspirieren, einfach durch die Art, wie wir leben und arbeiten. Wir kommunizieren mit allen unseren Partnern auf Augenhöhe und sind trotz unseres großen Erfolges bodenständig geblieben.

Als Paar erfolgreich – ein Leben zwischen Individualität und Einheit

Wir sind zwei Menschen, die zu einer unzertrennlichen Einheit geworden sind. Das strahlen wir auch nach außen aus. Gemeinsam bewegen wir Menschen und für viele sind wir Erfolgsmacher. Vorbilder. Doch trotz oder gerade wegen dieser tiefen Verbundenheit sind wir kein Paar, das die klassische Definition der Rollenbilder von Frau und Mann lebt. Seitdem wir unseren gemeinsamen Weg im Jahr 2002 begonnen haben, haben wir die traditionellen Genderrollen immer wieder auf den Kopf gestellt und darin eine eigene Flexibilität entwickelt. Wir hatten den Mut, uns von althergebrachten Rollenbildern zu lösen, als es das Leben von uns forderte. Die Situation in unserer Anfangszeit ließ uns keine andere Wahl. Dafür sind wir dankbar.

Seit jeher ist es uns wichtig, dass jeder von uns sein ICH und wir beide gemeinsam unser WIR leben. Diese Einstellung strahlen wir aus – und wir denken, man sieht uns an, wie glücklich wir miteinander und mit unserem Leben sind.

Zugegeben, es war ein Auf und Ab in den Jahren nach unserer ersten Begegnung. Manchmal war unser Weg steinig und voller Hindernisse. Wir haben viele Höhen und Tiefen erlebt. Aber wir wussten immer, dass wir den Weg gemeinsam gehen. Das taten wir auch, immer auf Augenhöhe und voller Respekt füreinander. Wir sind miteinander gegangen und haben uns ein starkes Fundament aufgebaut, auf dem wir und unser Erfolg heute stabil dastehen. Inzwischen sind wir in der luxuriösen Situation, dass jeder von uns seine Stärken einsetzen kann und darf. Uns gegenseitig ergänzend, steuern wir beide, jeder auf seine Weise, den Erfolg unseres Unternehmens. Wir wissen, dass es etwas Besonderes ist, als Paar so erfolgreich zu sein und schätzen dieses Glück sehr. Natürlich ist es problemlos möglich, allein ein erfolgreiches Network-Marketing-Business aufzubauen. Doch die gegenseitige Unterstützung, die wir uns geben, unser Zusammenhalt und die Tatsache, dass wir durch alles – durch jede Krise, aber auch durch jeden Glücksmoment – gemeinsam gehen, dass wir den Erfolg zusammen erarbeitet haben, macht unser Unternehmen einzigartig. Und aus dieser Erfahrung heraus möchten wir andere Paare bestärken, ihren Weg im Network-Marketing ebenfalls gemeinsam zu gehen.

VIJAY ERZÄHLT Wenn man, so wie Ulli und ich, jahrelang eng als Paar zusammenarbeitet, ist eine klare Aufgabenverteilung unabdingbar. Zudem braucht es eine intensive Persönlichkeitsentwicklung, vor allem bezüglich der

Rollendefinition. Ich muss zugeben, dass ich in den ersten Jahren auf der männlichen Ebene sehr gefordert war.

Ich musste lernen, mein Ego zurückzuschrauben. Manchmal muss ich das heute noch. Das ist die wichtigste Voraussetzung dafür, dass wir als Paar überhaupt erfolgreich werden konnten. Sein Ego aus der partnerschaftlichen Arbeit – oder übertragen auch aus einer Teamarbeit in klassischen Unternehmen – herauszunehmen, ist grundsätzlich ein männliches Problem. Männer sind, bis auf wenige Ausnahmen, von Natur aus sehr dominant.

Das ist aus der Historie und einer jahrhundertelangen Rollendefinition gewachsen. Und wenn wir ehrlich sind, wissen wir Männer das auch. Warum sind Frauen in der heutigen Gesellschaft immer noch nicht gleichberechtigt? Warum werden sie in vielen Jobs schlechter bezahlt als Männer? Warum gibt es so viele Männer in den Führungspositionen und warum ist es so schwer für Frauen, dorthin zu kommen? Weil wir Männer besitzergreifend sind, führen und kontrollieren wollen und uns oft emotional mitreißen lassen. Als Mann hat man ein großes Ego und setzt sich in der Regel anders durch als die meisten Frauen.

Ein Mann, der mit einer Frau zusammenarbeitet, muss deshalb unglaublich aufpassen, dass er nicht zu dominant auftritt. Das zu erkennen, war für mich ein wichtiger Schritt in Richtung WIR. Ich habe das früh realisiert. Hätte ich das nicht getan, wären wir heute mit Sicherheit nicht da, wo wir sind. Ulli und ich wollten gemeinsam etwas Großes aufbauen und haben eine Vision entwickelt. Um diese zu verwirklichen, musste ich lernen, meine natürliche männliche Dominanz aus unserer Partnerschaft herauszunehmen. Ich habe erkannt, dass Ulli die Sachen, für die sie zuständig ist, viel besser umsetzen kann als ich.

Das zuzugeben, ist allein schon eine große Herausforderung für einen Mann. Ich habe mir anfangs nicht leichtgetan damit, mich zu offenbaren und einzugestehen, Ulli etwas zu überlassen, weil sie es besser kann als ich. Aus heutiger Sicht war das jedoch der

Beginn unserer geschäftlichen Partnerschaft auf Augenhöhe. Wenn ein Mann das schafft, sind die Voraussetzungen für einen gemeinsamen Erfolg geschaffen. Ich habe mir auch lange schwer damit getan, zu erkennen, dass Ulli einen völlig anderen Zugang zu vielen Dingen und Situationen hat als ich. Manchmal verstehe ich ihn immer noch nicht. Doch ist er deshalb besser oder schlechter als meiner? Nein, nur anders. Ich habe gelernt, das zu akzeptieren. Auch wenn es mir schwerfällt, das zuzugeben, als Mann fiel mir das wahrlich nicht leicht.

Heute sehe ich meine Aufgabe darin, mich in entsprechenden Momenten herauszunehmen, damit Ulli sich einbringen kann. Das gibt ihr Raum, ihre Individualität zu leben. Dadurch kann ich meinen eigenen Raum finden. Diese Einstellung zu erreichen, war ein langer, manchmal schmerzvoller Weg. Doch es war wichtig, diese neue Ebene in unserer privaten und beruflichen Partnerschaft zu schaffen. Wir haben eine gemeinsame Vision, Respekt füreinander und bewegen uns immer auf Augenhöhe. Das gibt uns beiden die Chance, unsere individuellen Leadership-Qualitäten in die Unternehmensführung einzubringen. Unser Netzwerk umfasst inzwischen mehr als 60.000 Partner, für die wir gemeinsam eine große Verantwortung tragen.

Wenn ich auf die letzten Jahre zurückblicke, sehe ich, dass wir langsam unser Ziel erreichen und jeder von uns genau in dem Bereich arbeiten und sich einbringen kann, wo seine Talente liegen. Es ist für mich ein unglaublich gutes Gefühl, nichts mehr tun zu müssen, was ich nicht tun will. Wir haben eine klare Aufgabenteilung und jeder bringt sich optimal ein. Dadurch sind wir ein unschlagbares Team. Wir sind in der Regel 24 Stunden am Tag, sieben Tage die Woche zusammen – und das nicht nur als Geschäftspartner, sondern ebenso als Liebespaar. Das zu schaffen, ist eine Kunst, aber auch ein Prozess. Natürlich kommt es hin und wieder zu Konflikten. Doch wir haben gelernt, damit umzugehen. Unser Geheimrezept ist unsere Kommunikation. Wir reden über alles, verschweigen uns nichts und sind vollkommen offen zueinander. Dafür ist es wichtig, sich als Mann darauf einzulassen, über seine Gedanken und Gefühle zu sprechen. Darin sind wir Männer nicht sonderlich gut, doch man kann das lernen. Je offener und ehrlicher die Kommunikation ist, desto erfolgreicher kann der gemeinsame Weg sein.

Die klare Aufgabenverteilung haben wir uns über die Jahre hinweg erarbeitet. Es wäre wahrhaft meisterlich gewesen, wenn wir sie schon beim Unternehmensaufbau hinbekommen hätten. Doch damals standen zu viele Aufgaben an, die erledigt werden mussten. Weil wir kaum Ahnung davon hatten, wie Network-Marketing funktioniert, haben wir einfach losgelegt, ohne viel darüber nachzudenken.

Das ist bei vielen Unternehmensgründungen so, nicht nur im Network-Marketing. Was getan werden muss, muss getan werden. Ohne Fragen, ohne Hadern. Erst wenn die geschäftliche Basis geschaffen ist, und der Druck nachlässt, weil sich mit dem Erfolg finanzielle Sicherheit einstellt, kann man damit beginnen, Rollen und Aufgabenbereiche neu zu definieren und flexibel zu verändern. So haben wir es gemacht. Dadurch sind wir heute da, wo wir immer hinwollten. Unser Weg war voller Höhen und Tiefen, gepflastert mit Erfolgen und Misserfolgen, begleitet von guten und schlechten Entscheidungen. Aber wir sind ihn stets mit viel Respekt und Liebe füreinander gegangen und haben alle Entscheidungen gemeinsam getroffen. Wenn es sein musste, haben wir gearbeitet bis zum Umfallen, einfach weil wir lieben, was wir tun und ein Ziel haben. Doch wir haben uns trotz allem immer Zeit zum Abschalten genommen. Diese Dualität von Anspannung und Erholung ist wichtig, denn in unserem Business muss man alles geben, sich einhundertprozentig engagieren, um erfolgreich zu werden. Wir haben uns in der Phase des Geschäftsaufbaus mächtig reingehängt und durchgebissen und waren manchmal auch gezwungen, Dinge zu tun, auf die wir keine Lust hatten. Doch während einer Unternehmensgründung gelten eigene Gesetze.

Trotzdem lief nicht immer alles rund. Wir waren mehrmals kurz vor dem Aufgeben, meilenweit vom Erfolg entfernt. In diesen

Zeiten haben wir gehadert, geflucht und geweint. Aber wir haben zusammengehalten, uns gegenseitig wiederaufgebaut und in schwachen Momenten gestärkt. Wir sind als Paar zu einer Einheit geworden, sonst hätte das nicht funktioniert. Heute schauen wir stolz auf das, was wir geschaffen haben und wissen zugleich, dass jeder das schaffen kann. Viele unserer Partner sind allein unterwegs und das ist in Ordnung. Doch als Paar erfolgreich zu werden, ist etwas ganz Außergewöhnliches. Wir möchten deshalb auch Paare dazu ermutigen, es uns gleichzutun.

Miteinander reden – auch in schwierigen Situationen

ULLI ERZÄHLT Wie Vijay schon sagte, ist eine offene und ehrliche Kommunikation für uns das Wichtigste. Wir sprechen sehr respektvoll über alles, was uns bewegt. In manchen Gesprächen bin ich ganz erstaunt und stelle fest, dass es immer noch Gedanken bei Vijay gibt, die ich so zuvor noch nicht wahrgenommen habe. Wir lernen uns sogar nach so langer Zeit mit jedem Gespräch noch ein Stückchen besser kennen, weil es uns wichtig ist, die tiefe, offene Ehrlichkeit, abseits von familiären Dingen, alltäglichen Problemen oder Businessfragen, lebendig zu halten. Darum nehmen wir uns auch immer wieder gemeinsame Auszeiten, in denen Gespräch und Austausch im Mittelpunkt stehen.

Diesen Level in unserer Kommunikation zu erreichen, war ein intensiver gemeinsamer Prozess. Auch die Kommunikation mit anderen Menschen, neuen Partnern, potenziellen Partnern.

Vijay war von Anfang an derjenige, der mit den Menschen geredet hat. Ich hielt mich zunächst eher im Hintergrund. Dadurch sind wir – wie viele Paare, die sich noch nicht so gut kennen und etwas Neues beginnen – in eine klassische Mann-Frau-Aufgabenverteilung gerutscht. Darüber hatten wir anfangs gar nicht nachgedacht. Vijay stand im Vordergrund, hat unsere

Partner motiviert und geschult. Ich organisierte im Hintergrund das Back-Office, habe also typische Frauenarbeiten erledigt: EMails verschicken, Rechnungen schreiben, Veranstaltungen planen.

Doch dann passierte etwas Dramatisches, das unser Leben komplett verändert hat. 2009/2010 wollten wir das Haus, in dem wir wohnten, umbauen und das obere Stockwerk für uns neu ausbauen. Die Pläne waren fertig, die Baugenehmigungen eingeholt, die Hypotheken abgesegnet. Als Bauleiter engagierten wir Vijays besten Freund, der auch sein Trauzeuge war. Niemals hätten wir vermutet, dass er uns betrügen oder über den Tisch ziehen würde. Doch genau das ist passiert. Dass er ein so enger Freund war, machte es doppelt schmerzhaft. Unser gesamtes Geld, alles, was wir an Krediten aufgenommen hatten, war laut seiner Aussage plötzlich aufgebraucht, obwohl noch nicht einmal der Rohbau fertig war. Die Situation war kaum erträglich. Es war Winter. Alles war gefroren. Wir hatten geplant, im Dezember mit dem Innenausbau zu beginnen, aber es waren noch nicht mal Fenster eingesetzt, keine Leitungen verlegt und das Dach war noch nicht dicht. Dann fing es auch noch an zu schneien. Ein Desaster ohne Ende. Wir hatten alles in diesen Umbau gesteckt und wollten endlich einziehen. Dieser Betrug und die Enttäuschung stressten uns unglaublich. Vor allem, weil wir damals wenig Geld hatten. Wir waren überglücklich gewesen, dass uns die Bank die für den Umbau benötigten Mittel überhaupt bewilligt hatte. Wir wohnten zu diesem Zeitpunkt in einem winzig kleinen Haus auf knapp 50 Quadratmetern zusammen mit meiner Mutter und den Kindern. Das sollte eigentlich nur die Übergangslösung für die Zeit des Umbaus sein. Sechs Personen auf engstem Raum – es war kaum auszuhalten. Dann diese Katastrophe. Wir standen vor dem Nichts.

Für Vijay war das alles zu viel. Er ist hochsensibel, hat eine zarte Seele. Er brach zusammen, wurde schwer krank, hatte Schwellungen am ganzen Körper und bekam über Nacht einen extremen Hautausschlag. Ich habe ihn sofort zu unserer Ärztin gefahren, die ihn direkt ins Spital einwies. Diese körperlichen

Stressreaktionen waren der Beginn eines schweren Burnouts. Im Krankenhaus wurde Vijay untersucht und anschließend für mehrere Wochen stationär aufgenommen.Er fühlte sich – noch ganz in der klassisch männlichen Denkweise – für das Drama mit unserem Umbau allein verantwortlich, weil er glaubte, er hätte den Betrug früher erkennen müssen. Aus seiner Sicht hatte er auf ganzer Linie versagt, und zwar so schlimm, dass er keinen Ausweg mehr sah. Diese Schuldgefühle nahmen ihm jeden Lebensmut und ich musste mit ansehen, dass er mit der Situation nicht klarkam. Ich machte mir große Sorgen und war froh, dass er im Spital sicher aufgehoben war. Doch später erzählte er mir, dass die Ruhe der Klinik alles noch schlimmer gemacht habe und das Ganze wie eine Riesenwelle über ihn hereingebrochen war. Seine Nerven lagen blank.

Er war nicht ansprechbar, wusste keinen Ausweg mehr. Zu allem Überfluss bekam er beulenähnliche Schwellungen am ganzen Körper und konnte sich selbst nicht mehr ausstehen. Als wäre das noch nicht genug, sah er eines Tages beim Blick aus dem Fenster, dass es anfing zu schneien. Er wusste sofort, dass es in den Rohbau schneite und alles kaputtging. Das löste seinen finalen Zusammenbruch aus.

Er fühlte sich wie ein kompletter Versager. Doch dann kamen die Tränen. Endlich konnte er weinen. Es war wie eine Erlösung. Er ging zurück in sein Zimmer, setzte sich aufs Krankenbett und fragte sich in seiner tiefen Verzweiflung, was wäre, wenn er tot wäre. Was wäre, wenn er jetzt sterben würde?

Was würde sich ändern? Nichts, wurde ihm klar. Das Haus würde trotzdem unfertig dastehen, es würde trotzdem hineinschneien, es würde trotzdem alles kaputtgehen. Nur, dass er nicht mehr da wäre. Aber ich als seine Witwe müsste dann alles allein meistern. Ihm wurde klar, dass sich da draußen im Leben nichts ändern würde.

Dann, kam die Erkenntnis: Er beschloss, alles loszulassen, so, als ob er tot wäre. Er konnte nichts mehr retten. Dann sah er das Buch auf seinem Nachtkästchen: Eckhart Tolle, „Jetzt!", 2010, Kamphausen-Verlag, welches ich ihm mitgebracht hatte. Es zog seinen Blick magisch an. Er nahm es, begann zu lesen und wurde langsam ruhiger.

VIJAY ERZÄHLT Ja, das Buch war ein Segen für mich. Es lag da, genau im richtigen Moment. Ich fing an zu lesen und fühlte, dass Eckhart Tolles' Worte etwas in mir auslösten. Es war, als ob sie meine Gedanken bestätigten. Während ich las, wurde mir klar, dass ich loslassen und selbst die Verantwortung für alles in meinem Leben übernehmen musste.

Ein magischer Moment, wie eine Eingebung von oben. Doch die Worte kamen nicht von oben, sondern sie standen in diesem Buch.

Irgendwann habe ich realisiert, dass ich für das ganze Desaster selbst verantwortlich war, weil ich diesen Bauauftrag erteilt hatte. Ich fühlte plötzlich, dass ich auch für alles andere verantwortlich war, was in meinem Leben passierte. Erstaunlicherweise machte mich diese Einsicht aber nicht depressiv, sondern stärkte mich innerlich. Meine Gedanken begannen zu sprudeln und ich erkannte, dass ich sogar dafür verantwortlich war, bei meinen Eltern und nicht in eine andere Familie hineingeboren zu sein. Ich, oder besser gesagt, meine Seele, hatte sich diese Mutter und diesen Vater ausgesucht.

Es war ein unglaublicher innerer Prozess, für den ich heute sehr, sehr dankbar bin. Danke Eckhart Tolle! Er hat mein Leben gerettet und mich gleichzeitig in eine völlig andere Bahn gelenkt. Das war der Moment, in dem ich neu beginnen konnte. Vor dem Spitalaufenthalt hatte ich wochenlang, nein monatelang nicht mehr schlafen können. Ich lag ständig wach, weil ich so viel nachdenken musste. Mir war es unmöglich, mit dem Denken aufzuhören. Die Gedanken kreisten ständig in meinem Kopf. Immer wieder ums gleiche Thema. Das kann einen wahnsinnig machen. Die Erkenntnis, die mich dank des Buches von Eckhart Tolle überkam, hat mir bewusst gemacht, dass ich einen Weg finden musste, die quälenden Gedanken abzuschalten und hinter mir zu lassen. Doch leichter gesagt als getan. Tolle beschrieb, dass man durch die Fähigkeit, Gedanken an Dinge, Situationen und Erlebnisse loszulassen, das

Gedankenkarussell anhalten kann und sich freier fühlt. Ich erkannte plötzlich die Macht meiner Gedanken und dass ich manche positiven Dinge anzog und manches Unangenehme nur deshalb passierte, weil ich es mit meinen Gedanken herbeigeholt hatte.

Als ich das begriffen hatte, hielt ich inne und fing an, intensiv zu üben, nichts mehr zu denken. Ich habe alle Gedanken bewusst abgeschaltet, losgelassen und in meinen Kopf Leere erzeugt, um Raum für den Augenblick zu schaffen. Das war, ehrlich gesagt, ein Horror für mich als Nonstop-Denker. Doch ich wusste, wenn ich die Verantwortung für mich und mein Leben übernehmen wollte, war das der erste Schritt. Denn Verantwortung für sich selbst zu übernehmen, bedeutet auch, die Verantwortung für seine Gedanken zu übernehmen.

Der kreative Denker und die tatkräftige Macherin

ULLI ERZÄHLT Für mich stellte sich die Situation etwas anders dar. Ich wusste Vijay im Spital gut versorgt und war beruhigt, weil ihm dort nichts passieren konnte. Also konzentrierte ich mich auf Dinge, die getan werden mussten. Ich war vorher schon gut mit Arbeit eingedeckt gewesen, vor allem mit organisatorischem Kram. Als Vijay ins Krankenhaus kam, musste ich von einer Sekunde auf die andere auch alles andere übernehmen: eine Lösung für das Haus finden, mit dem Bauleiter und den Banken sprechen, unser Business managen und die Akademie führen. Ich stand plötzlich mutterseelenallein da und war für alles zuständig. Als ich realisierte, dass ich aktiv werden musste, bin ich, ohne zu überlegen, in die, damals in meinen Augen, männliche Rolle geschlüpft. Das ist mir nicht schwergefallen, denn ich bin eine Macherin.

Schon direkt nach dem Aufstehen fange ich an, etwas zu tun. Egal was und ich höre selten auf zu arbeiten, bis alles erledigt ist. Dabei hasse ich es, auf irgendetwas oder irgendjemanden zu warten und lasse selbst auch niemanden warten. Egal, was ich tue, ich mag niemandem vor den Kopf stoßen, was in unserem Business manchmal nicht leicht ist. Ich habe hohe Werte, nach denen ich handle. Mir ist wichtig, dass jeder das bekommt – und so unterstützt wird – wie er es braucht.

Darum ist es mir auch egal, wie lange ich dafür arbeiten muss. Was ich tue, ist für mich keine Arbeit im klassischen Sinne. Ich liebe, was ich tue. Darin unterscheide ich mich sicher von vielen anderen und was ich mache, ist mir niemals unangenehm. Manche Dinge müssen schließlich einfach erledigt werden. In dieser kritischen Zeit hat mich das Leben allerdings gefordert. Das kannte ich in dieser Form gar nicht. Es war eine echte Herausforderung für mich, weil plötzlich so viel da war, was erledigt werden wollte und was ich noch niemals getan hatte. Wenn mich jemand fragen würde, wie ich das damals alles geschafft habe, wüsste ich darauf keine Antwort. Ich habe es einfach gemacht.

Ich bin so gestrickt, dass ich nicht so viel über Dinge nachdenke, nie negativ oder pessimistisch eingestellt bin. Das hilft mir sehr. Im Umgang mit schwierigen Situationen rede ich über die Probleme, anstatt den Kopf in den Sand zu stecken. Mein Erfolgsrezept ist, offen in die Konfrontation zu gehen und das zur Sprache zu bringen, was ansteht. Ich will immer eine Lösung finden. Um die damalige Situation zu meistern und unsere Köpfe aus der Schlinge zu ziehen, habe ich überall das Gespräch gesucht, habe unsere Lage geschildert und gefragt, wie wir das Problem gemeinsam lösen können. Ich bin ein absolut lösungsorientierter Mensch und das hat mir letztendlich dabei geholfen, unser Haus und unsere Existenz zu retten und für Vijay den nötigen Freiraum zu schaffen, wieder gesund zu werden. Unglaublich, wie viele Menschen uns geholfen haben. Fast jeder, dem ich die Karten offen auf den Tisch gelegt und den ich um Hilfe gebeten habe, hat uns unterstützt. Es kam Beistand von allen Seiten.

Für mich war diese Phase eine Zeit meiner eigenen Persönlichkeitsentwicklung, denn ich durchlief einen gewaltigen

Veränderungsprozess, bei dem ich täglich aus meiner Komfortzone katapultiert wurde.
Eines der größten Hindernisse dabei, war mein eigenes Rollenverständnis bezüglich der Zuständigkeiten und Aufgabenverteilung zwischen Frau und Mann. Das rührte noch aus meiner Erziehung her. Als Kind war mir Respekt vor Autoritätspersonen im Allgemeinen und Männern im Besonderen beigebracht worden. Männer waren für mich stets die Macher und Entscheider gewesen.

Als Vijay dann im Spital lag, gab es plötzlich niemanden mehr, der für mich Dinge übernehmen und Entscheidungen treffen konnte. Kein Mann, der die Aufgaben bezüglich des Hauses und der Finanzen erledigte. Mir blieb also nichts anderes übrig, als ins kalte Wasser zu springen und mich mit all diesen Dingen zu beschäftigen. Das hat mich geprägt und in meinem Leben weit vorangebracht. Am schlimmsten war es, mit Leuten zu sprechen, die ich für Autoritätspersonen hielt. Leute, mit denen zu reden ich mich immer gescheut hatte: Männer in höheren Positionen, Bankangestellte, Behördenmitarbeiter. Doch ich musste Lösungen finden und tat es einfach, denn Vijay war nicht da und ich wollte unbedingt, dass er sich erholt und wieder gesund wird.

Deshalb wollte ich ihn auf keinen Fall zu früh mit diesen Dingen belasten. Als erstes habe ich gelernt, noch besser zu kommunizieren und zwar mit jedem Menschen, der mich irgendwie unterstützen konnte. Um Hilfe zu bitten, war damals für mich nicht einfach. Doch es hat mich geschult. Heute rede ich mit jedem, ohne groß darüber nachzudenken. Ich habe keine Hemmschwelle mehr vor Autoritätspersonen und begegne allen Menschen auf Augenhöhe.

Manchmal bedanken sich neue Partner bei mir dafür, dass ich, obwohl ich so erfolgreich bin, mit ihnen rede. Sie finden das großartig.

Ich hingegen sehe uns auf einer Ebene, auf Augenhöhe. Dass ich schon etwas mehr erreicht habe, heißt nicht, dass ich auf einer anderen Stufe stehe als jemand, der neu im Business ist.

Schließlich kann jeder da hinkommen, wenn er es will. Ich glaube, es ist wichtig, Menschen dieses Gefühl der Kommunikation auf Augenhöhe zu geben. Dieses „wir sind alle gleich, niemand ist besser oder schlechter". Ich habe damals gelernt, fokussiert und möglichst perfekt zu organisieren, weil ich wusste, dass ich auf Vijay in dieser Zeit nicht zählen konnte. Er war zwar physisch anwesend, aber er konnte mich nicht unterstützen, weder beim Hausbau noch im Business. Alles hing an mir. Mir war wichtig, dass er zu seiner alten Kraft zurückfand, deswegen gab ich ihm die Zeit und den Raum, die er dafür brauchte.

Aus der Not heraus hat sich bei uns also plötzlich die Rollenverteilung komplett geändert. Im Laufe der Jahre ist sie dann flexibel geworden, wie ein Gummiband. Unsere Rollen wechseln permanent und unsere Beziehung hat die Starre der traditionellen Mann-Frau-Konstellation verloren. Je nach Situation passen wir unsere Rollen an. Das ist gut so, denn Vijay ist ein genialer Kopf, er braucht viel Raum zum Denken. Alles, was aus seinem Kopf und seinem Mund kommt, ist für mich Weisheit. Seitdem ich das erkannt habe, bestärke ich ihn darin, diese Weisheit unter die Menschen zu bringen.

Vijay ist ein begnadeter Visionär und hat die seltene Gabe, Menschen zu motivieren und sie tief in ihrem Inneren zu berühren. Er sieht ihre Einzigartigkeit und begleitet sie auf ihrem Weg. Damit trägt er auf einer Ebene zum großen Erfolg unseres Unternehmens, aber auch zum Wohl anderer Menschen bei. Er hat eine Spiritualität in sich, die ich nicht besitze. Dafür ist er absolut kein Büromensch, er mag es überhaupt nicht, eingezwängt zu werden. Aus diesen Erkenntnissen heraus hat sich bei uns in den letzten Jahren viel verändert.

Als er aus dem Spital kam, ist er nicht wieder zur Alltagsarbeit zurückgekehrt. Wir haben für ihn den Raum geschaffen, um seine Gabe umzusetzen: Er leitet seitdem unsere Trainings und Coachings. Vijay ist derjenige, der rausgeht, mit den Menschen arbeitet, sie motiviert und schult. Dafür hat er geniale Programme entwickelt und er hat noch weitere außergewöhnliche Ideen, die wir gemeinsam in den nächsten Jahren umsetzen werden. Wenn ich also das Drama von damals aus der heutigen Perspektive betrachte, hatte Vijays existenz- und lebensbedrohende Krise viel Gutes. Das konnten wir damals aber natürlich noch nicht sehen. In dieser kritischen Situation hat es sich einfach ergeben, dass jeder von uns seine Position gefunden hat und das klassische Rollenbild in unserer Beziehung außer Kraft gesetzt wurde.

Wir haben diese Chance genutzt; uns blieb gar nichts anderes übrig. Wir sind über die Jahre drangeblieben, reflektieren ständig, was jeder von uns braucht, und agieren flexibel, so, wie es die Situation erfordert.

Wir haben uns oft gefragt, wie wir andere Menschen und vor allem Paare inspirieren können, was wir ihnen mitgeben können, damit sie schwierige Situationen ebenso gut meistern und Stolpersteine auf ihrem Weg überwinden wie wir. Wir wünschen uns, dass andere Menschen aus unseren Herausforderungen und vor allem aus unseren Fehlern lernen. Niemand muss, wie damals Vijay, erst in einer tiefen Depression landen, um seine Rolle im Leben und im Business zu finden.

Zu allererst ist es dieses ehrliche, echte Miteinander, das uns zusammenschweißt und erfolgreich macht. Der Respekt, die Achtung vor dem anderen und seinen Fähigkeiten sowie der Wunsch, dem anderen Raum zu geben. Auch wenn das manchmal etwas unbequem ist, langfristig zahlt es sich aus. Wenn jeder seinen eigenen Weg gehen kann und man sich gemeinsam die Zeit nimmt, um zu schauen, wo die persönlichen Stärken von jedem stecken, erschafft man sich als Paar eine wertvolle Basis. Wir haben erkannt, wie elementar wichtig es ist, viel miteinander zu reden, haben immer wieder darüber gesprochen, wo unsere Stärken liegen und haben die dann konsequent, Schritt für Schritt in unseren Alltag und unser Business integriert. Das war ein langer Prozess, der nicht über Nacht kam. Es war unser Ziel, dass wir uns beide voll einbringen können.

Dazu hatten wir sämtliche Arbeitsbereiche neu definiert und anschließend vertrauensvoll aufgeteilt. Dazu gehörte auch, dass jeder den anderen machen lässt, selbst wenn er glaubt, er könnte es besser. Diskussionen auf Augenhöhe mit viel Respekt vor den Fähigkeiten des anderen sind der Schlüssel zu unserem Erfolg. Es ist wichtig, dass man dem anderen wirklich die Verantwortung für seinen Bereich überlässt. Dabei ist Loslassen wichtig, nicht einmischen, nichts besser wissen wollen. Denn dieses Einmischen ist eine große Gefahr, das spüren wir beide immer wieder. Es schafft Unruhe und sorgt für negative Schwingungen. Jeder von uns weiß genau, wie der andere in bestimmten Situationen tickt. Das war nicht immer so, denn oft nimmt man gar nicht wahr, welche Prozesse im Partner ablaufen, warum er gewisse Sachen macht oder auch nicht macht. Das haben wir erkannt und daraufhin begonnen, aufrichtig zu sein und Gesprächen mehr Raum zu geben. Regelmäßig.

Wir legen unsere Gefühle offen, so dass jeder den anderen und die Art und Weise seines Denkens verstehen kann. Wir lassen dabei symbolisch die Hosen herunter. Das ist nicht einfach, weil man sich dafür zunächst selbst darüber klar werden muss, wer man ist und welche Gefühle und Wünsche man tief in seinem Inneren hegt. Miteinander zu reden ist für uns inzwischen ein wiederkehrendes Ritual, dem wir häufig auf Reisen, aber auch spontan, je nach Bedarf nachgehen.

Wir reden täglich beim gemeinsamen Frühstück. Dafür nehmen wir uns Zeit und besprechen alle wichtigen Dinge, und das ist bei Weitem nicht nur Geschäftliches. Untertags ist keine Zeit dafür, weil jeder in seinem Alltag gefangen ist. Bei brennenden Themen halten wir jedoch auch in den stressigsten Situationen inne und bringen auf den Tisch, was gerade Probleme macht. Nichts wird nach hinten geschoben oder verdrängt. Seitdem wir das machen, ist unser Verständnis füreinander unendlich gewachsen.

Vor allem wenn wir mit Young Living auf Reisen sind, haben wir viel Zeit füreinander. Wir nutzen und genießen diese

Momente, um kreativ zu werden und neue Ideen zu entwickeln. Das ist es, was wir beide so lieben: Sobald wir von zu Hause weg sind und uns nicht um Alltägliches kümmern müssen, beginnt der kreative Prozess. Plötzlich sprudelt aus uns heraus, was sich schon seit Langem unbewusst in uns entwickelt hat, worüber wir aber noch nicht sprechen konnten. Die tollsten Ideen kommen im Pool, im Hotel an der Bar, beim Frühstück. Die ganz großen Ideen für unser Business sind in Swimmingpools von Luxushotels geboren worden; es sind sozusagen WASSERGEBURTEN.

Es ist eine der riesigen Annehmlichkeiten unseres Business, dass wir so viel unterwegs sind und in die schönsten Länder der Welt reisen dürfen. Je erfolgreicher man bei Young Living ist, desto mehr Möglichkeiten eröffnen sich. Wenn wir uns auf Reisen innerlich von den alltäglichen Verpflichtungen freimachen, gelingt es uns, spielerisch an unserem Business weiterzuarbeiten. Darum raten wir auch anderen Paaren dazu, in regelmäßigen Abständen die Koffer zu packen, sich irgendwo in ein nettes Hotel einzumieten, zu entspannen und miteinander zu reden. Sogar wenn es nur für ein Wochenende ist.

Das tut so gut! Wir machen das mindestens alle zwei Monate, denn wir haben beide ein starkes Bedürfnis, uns zwischendurch auszuklinken. Vijay fragt mich dann, wohin ich gern möchte und wir fahren los. Wenn wir unterwegs sind, können wir entspannen, dem Geist Flügel verleihen, den Blickwinkel ändern. Sich solche Auszeiten zu nehmen, ist ein mächtiges Erfolgsrezept, das viele Menschen unterschätzen. In dem Moment, in dem man aus der Routine des Alltags ausbricht, öffnet sich innerlich ein Raum, der Kreativität und Reflexion zulässt.

Wir kennen die Gefahr, die entsteht, wenn man als Paar rund um die Uhr zusammen ist. Privatleben und Business verschmelzen und man hat quasi nie Feierabend. Das kann auch zu viel werden. Für solche Situationen haben wir uns jedoch bewusst Strategien überlegt. Es gibt immer mal wieder Momente, in denen einer von uns allein sein will oder, wenn wir

Zweisamkeit wollen, nehmen wir sie uns und verschwinden. Raus in die Welt.

Beruflich haben wir das Risiko, uns auf die Nerven zu gehen, so weit wie möglich minimiert, denn wir haben zwei getrennte Büros, hängen also nicht permanent aufeinander. Das würde mich wahnsinnig machen. Dieses getrennte Arbeiten ist ein Muss, wenn man als Paar ein Unternehmen führt und 24 Stunden täglich zusammen ist. Gemeinsam ein Business aufzubauen und konsequent großzumachen, ist eine große Herausforderung für eine Partnerschaft, zu der beide Partner mit allen Konsequenzen bereit sein müssen.

VIJAY ERZÄHLT Womit ich anfangs Probleme hatte, war, die männliche Kontrolle über die Abläufe in unserem Unternehmen abzugeben. Wir Männer wollen doch gerne alles im Griff haben. Wenn ich zum Beispiel Ulli zufällig beim Telefonieren angetroffen habe, wollte ich wissen, mit wem sie spricht und worum es geht. Es war ein Reflex, über den ich gar nicht nachgedacht habe. Ulli hat das wahnsinnig gemacht, sie konnte es nicht ausstehen, dass ich alles wissen wollte. Sie ist der Meinung, meine Dinge sind meine Dinge und ihre Dinge sind ihre Dinge. Es war für mich nicht einfach, zu lernen, dass mich ihre Arbeit nichts angeht und dass ich mich nicht einmischen darf. Das wollte ich eigentlich auch nicht, aber diesen neugierigen Impuls zu unterdrücken, war ein große Herausforderung und ein Lernprozess. Es hat eine ganze Weile gebraucht, bis ich es konnte.

Heute unterlaufen mir nur noch ab und zu solche neugierigen Ausrutscher. Die werden mir allerdings bewusst, noch bevor ich den Mund aufmache. Dann bremse ich mich und sage mir, dass mich Ullis Angelegenheiten nichts angehen. Ich darf mich rausnehmen, denn es sind nicht meine Baustellen, sondern ihre Aufgaben. Wenn man so handelt, dass der andere das Gefühl bekommt, dass man ihm etwas nicht zutraut, entstehen negative Schwingungen. Dieses Kontrollverhalten vergiftet die Arbeitsatmosphäre. Trotzdem fiel es mir schwer, sehr schwer, Ulli machen zu lassen.

Doch sie hat so zickig auf meine Einmischungen reagiert, jedes Mal etwas mehr, dass ich gezwungen war, es zu lernen. Anfangs war sie noch einigermaßen freundlich, aber irgendwann ist ihr der Kragen geplatzt, sodass sie um sich gebissen hat. Sie ist schier explodiert und wurde zum wahren Biest. Das war für mich das eindeutige Signal, aufzuhören. Ich habe dann unter ihrer Zurückweisung gelitten und dachte, sie interessiert sich nicht mehr für mich.

Mein männliches Ego hat in solchen Situationen verrückt gespielt.

Eng zusammenzuarbeiten bedeutet, zu lernen, Kontrolle abzugeben. Das erst Mal, als ich die Kontrolle abgeben musste, war, als wir unsere Rollen tauschen mussten, damals, als ich im Spital lag, unfähig, etwas zu tun und mit Cortison vollgestopft wurde, damit die körperlichen Symptome gelindert wurden. Das war für mich hart, denn meine Psyche wurde im Spital nicht behandelt. Es gab niemanden, der mir erklärt hatte, dass ich krank war, weil ich psychisch überfordert war. Niemanden, der mit mir über die Auslöser meiner Probleme gesprochen hätte. Im Krankenhaus wurden nur die physischen Symptome, nicht deren seelische Ursache behandelt.

Meine psychische Genesung musste ich mit mir allein ausmachen – und mit Eckhart Tolle. Der Schlüssel war in diesem Moment mein selbstauferlegtes Training, das Gedankenkarussell zu stoppen.

Ich wollte unbedingt lernen, an nichts zu denken und mich bewusst auf den Moment zu fokussieren. Als ich das endlich geschafft hatte, kam ich zur Ruhe und es wurde leichter für mich. Als ich nach zwei Wochen nach Hause kam, konnte ich es bereits recht gut.

Für mich als Denker war es der größte Horror, an nichts zu denken. Wie geht das, nichts zu denken? Es funktioniert nur, wenn man seine Aufmerksamkeit auf das, was jetzt gerade ist, lenkt. Man muss im HIER UND JETZT sein und den Fokus vollständig auf den Augenblick richten.

Auf dem Weg vom Spital nach Hause saß meine Stieftochter im Auto neben mir. Sie realisierte schnell, dass irgendetwas anders war. Unsicher fragte sie mich, was mit mir los sei. Sie bekam Angst aufgrund meiner Veränderung. Doch es war gar nichts los, ich hatte einfach nur an nichts gedacht und war innerlich ganz ruhig, ohne jeden Gedanken. So kannte sie mich nicht. Ohne an irgendetwas zu denken. Tief in mir zu ruhen, hat mir einen weiten inneren Raum geöffnet, der mir eine nie gekannte Stille brachte. Das spürten auch die Menschen um mich herum. Anfangs hat es ihnen Angst gemacht, weil sie mich so noch nie erlebt hatten. Ich realisierte, dass, und vor allem wie sehr, diese Ruhe der Gedanken mein Wesen veränderte.

Heute bin ich immer noch ein Meister-Denker, aber gleichzeitig auch ein Meister-Nichtdenker. Wenn ich will. Noch immer grüble ich nächtelang über etwas nach, doch ich kann dieses Nachdenken bewusst anhalten. Mittlerweile glaube ich auch, dass es mein Schicksal ist, so viel zu denken, und ich habe diese Gabe inzwischen dankbar angenommen. Seitdem ist es für mich einfacher geworden, damit umzugehen und heute lasse ich mich vom Denken nicht mehr beherrschen und - schlafe wieder gut.

ULLI ERZÄHLT Bei mir ist das völlig anders: Ich bin keine Denkerin, sondern eine Macherin. Ich setze alles um, auch das, was Vijay sich ausdenkt. Meist sind das die genialen Sachen. Ich konzentriere mich stets auf meine Arbeit und bin fast immer klar fokussiert. Da bringt mich so schnell nichts und niemand raus, denn in diesem Zustand schalte ich völlig ab, höre oft nicht einmal, was um mich herum passiert. Im Büro sind wir jeden Tag zu viert oder fünft, aber ich nehme kaum wahr, was die anderen tun oder sagen, weil ich mit meiner Arbeit beschäftigt bin. Ich glaube, das ist etwas, was man sich bewusst aneignen und trainieren kann. Aber vielleicht ist es auch eine Gabe, ich weiß es nicht. Auf jeden Fall erleichtert es mir die täglichen Abläufe ungemein. Vijay findet diese Fähigkeit außergewöhnlich und phänomenal. Für mich ist sie vollkommen normal - so unterschiedlich sind wir. Den Fokus zu behalten ist etwas, woran viele Menschen, gerade im Network-Marketing, scheitern. Sie bleiben nicht bei der Sache und geben zu schnell auf. Vielleicht ist ihnen ihr Business nicht wichtig genug, doch im Network-Marketing muss man sich stets bewusst sein, wohin man will und was man dafür tun muss.

Außenstehende sehen uns in den verschiedenen Rollen als Unternehmer, Liebespaar, Eltern. Es ist sofort ersichtlich, wie wir unsere Aufgaben definieren und verteilt haben und wer wofür zuständig ist. Vijay ist der kreative Denker, der ständig neue Ideen oder Weiterentwicklungen im Kopf hat, um unser Business auf einer übergeordneten Ebene nach vorne zu bringen. Er ist der Motivator, Trainer, Coach und Visionär, der es vermag, andere Menschen zu fördern. Was Vijay in seinen Trainings und Coachings lehrt und wie er es vermittelt, ist einzigartig. Ich könnte es nicht. Ziel dabei ist stets, jedem unserer Partner mehr Ideen und das Wissen mitzugeben, sodass sie ihren ganz eigenen Erfolgsweg gestalten können. Ich dagegen bin die Pragmatikerin, diejenige, die tut, was zu tun ist. Ich packe an, setze um und gebe erst Ruhe, wenn alles erledigt ist. Was ich anfange, bringe ich zu Ende. Diese Art der Organisation ist unser Geheimnis, um als Paar erfolgreich zu sein. Die Aufteilung funktioniert allerdings nur, weil wir unsere Stärken erkannt haben und uns unsere jeweiligen Zuständigkeiten und Verantwortungsbereiche tatsächlich einhundertprozentig überlassen.

An diesen Punkt zu gelangen, war ein großer Schritt für uns als Paar und als Unternehmer im selben Business. Dass wir es geschafft haben, liegt unter anderem daran, dass wir von Anfang an gemeinsam alles aufgebaut haben. Schwieriger wird es, wenn ein Partner im Network-Marketing startet und der andere, aus welchen Gründen auch immer, erst später einsteigt. Die klassische Konstellation ist, dass eine Frau mit Network-Marketing beginnt und sich über Jahre hinweg ein erfolgreiches Business aufbaut. Anfangs wird sie von ihrem Partner vielleicht belächelt, weil er Network-Marketing nicht als vollwertiges Unternehmenskonzept ansieht oder Vorurteile hat. So glauben viele Männer zum Beispiel, Network-Marketing sei ein „Frauending", das man nicht ernst nehmen könne. Doch irgendwann bringt die Frau mehr Geld nach Hause als ihr

Mann. Spätestens in dem Moment horchen Männer auf. Dann wird es meist kompliziert: Sie hat das Business groß gemacht und ist für die Menschen in ihrem Netzwerk der Ansprechpartner. Was sie macht und wie sie es macht, ist entscheidend für ihren Erfolg. Mancher Mann möchte dann mit in ihr Business einsteigen, auch um seine Frau zu unterstützen.

Das ist für die Netzwerkpartner allerdings irritierend und nicht selten kommt es dann zu Problemen. In dieser Situation ist es entscheidend, dass der Mann zunächst im Hintergrund bleibt und die Frau tatsächlich nur in ihrer bisherigen Rolle unterstützt, auch wenn ihm das als Mann schwerfällt. Er sollte auf keinen Fall sofort nach vorne preschen und dadurch mit seiner Frau in eine Konkurrenzsituation treten. Der Mann sollte stattdessen erst mal eine Nebenrolle einnehmen, auch wenn er es nicht gewohnt ist, im Schatten seiner Frau zu stehen. Doch sie hat das Business aufgebaut und muss die Bezugsperson für die Netzwerkpartner bleiben. Kommt es durch ein übereifriges Engagement des Mannes zu Irritationen, kann dadurch das gesamte Business kaputtgehen. Network-Marketing ist ein personenbezogenes Business, das auf dem langfristigen Aufbau von Vertrauen basiert. Wichtig ist, wenn der Ehemann oder Partner mit einsteigt, seine Aufgaben klar zu definieren. Diese sollten vor allem darauf abzielen, der Frau an der „Front" den Rücken zu stärken.

Wir haben in unserem Team zahlreiche Beispiele für diese Konstellation, bei der die Frau zuerst durchgestartet und der Mann zu einem späteren Zeitpunkt eingestiegen ist. Für diese Fälle gibt es unserer Erfahrung nach zwei Möglichkeiten: Entweder schaffen es beide, die ungewohnte neue Rollenverteilung für sich zu adaptieren, oder sie werden sich über kurz oder lang trennen. Etwas anderes haben wir noch nicht erlebt.

Darum ist ein Mann in diesem Punkt gefordert und sollte sich gut überlegen, ob der Einstieg ins Business seiner Frau wirklich der richtige Schritt für ihn ist. Wenn er diesen Schritt wagt, sollte er sich auf einen inneren Wachstumsprozess einlassen, um sich auch weiterhin seiner eigenen Wertigkeit sicher zu sein und sein Selbstbewusstsein nicht zu verlieren. Da Vijay und ich unser Unternehmen von Null zusammen aufgebaut haben, mussten wir diesen Prozess nicht durchlaufen. Wir haben alles von Anfang an gemeinsam geschaffen und das hat uns zusammengeschweißt. Dennoch war der Weg recht steinig. Ich finde, Network-Marketing ist Persönlichkeitsentwicklung pur. Jeder von uns beiden hat in all den Jahren sehr viel für sich gelernt und sich kontinuierlich weiterentwickelt.

Vijay sieht seine Rolle inzwischen außerhalb des Tagesgeschäfts.

Er agiert aus dem Hintergrund, trainiert unsere Partner, entwickelt neue Strukturen und kümmert sich auch um Dinge, um die sich Männer normalerweise nicht kümmern. Außerdem übernimmt er einen großen Teil der Hausarbeit und betreut die Kinder, unternimmt etwas mit ihnen und sorgt vor allem dafür, dass zu Hause alles rund läuft. Das funktioniert gut, weil er abseits vom Alltagsgeschehen Zeit und Ruhe zum Denken bekommt, ohne Druck und ohne Stress.

Ich bin dankbar dafür, denn das entlastet mich im Tagesgeschäft und ich kann mich voll auf meine Sachen konzentrieren. Dass wir alles so geregelt bekommen haben, ist vor allem das Ergebnis unseres permanenten Austauschs. Darum raten wir Paaren, vor allem denen, die erst nachträglich den Schritt in eine gemeinsame berufliche Zukunft machen, bewusst und offen darüber zu kommunizieren, wie der Weg zu zweit aussehen soll. Wir glauben fest daran, dass alle Paare es schaffen können, wenn sie bereit sind, diesen Prozess zu durchlaufen. So wie wir.

VIJAY ERZÄHLT Bestehende Rollenbilder aufzubrechen ist eine Herausforderung. Das funktioniert nur, wenn man seinen Partner wertschätzt und auf Augenhöhe begegnet. Aus meiner Perspektive heraus weiß ich, dass wir Männer uns sehr schnell minderwertig fühlen können, wenn eine Frau, und vor allem die eigene, erfolgreicher ist oder dominanter auftritt als wir. Ich habe gelernt, genau zu reflektieren, was in mir vorgeht, wenn ich die mir anerzogene, traditionelle männliche Rolle verlasse und in den Hintergrund trete. Mit diesen ungewohnten Gefühlen habe ich gelernt umzugehen, denn in Sachen Gefühle sind wir Männer nun mal nicht so kompetent wie Frauen. Damit hatte ich zu kämpfen, als ich im Spital lag und meinen Beitrag zu unserem Unternehmenserfolg nicht mehr leisten konnte. Damals ist mir das alles viel zu schwergefallen. In meinen Augen war ich nicht mehr so viel wert.

Wie viele Männer bin ich in dem Glauben erzogen worden, dass ich stark sein und alles im Griff haben muss. Ich sollte zeigen, wo es langzugehen hat. Wenn diese „Verpflichtung" auf einmal die eigene Frau übernimmt, kollidieren alte Erziehungsmuster mit der Wirklichkeit. Als ich ausfiel, hat Ulli alles übernommen, Lösungen gefunden und die Situation gerettet.

Schlussendlich waren es zwei Jahre, die sie ohne meine Unterstützung überbrücken musste, was in meinen Augen eine unglaubliche Leistung war. Später hat sie dann die meisten Aufgaben automatisch weiter erledigt, denn ein gut funktionierendes System sollte man nicht ändern. Doch das bedeutete für mich, dass ich für mich einen neuen Platz finden musste. Ich habe neue Aufgaben übernommen, denn alle Unternehmensstrukturen hatten sich in der Zeit meiner Abwesenheit verändert. Es war eine große Herausforderung, mich wieder einzufinden. Anfangs fühlte ich mich überflüssig, doch schon bald wurde mir klar, dass es darum geht, alte Erziehungsmuster abzulegen und neue Werte und Aufgaben für mich zu finden. Nur weil Ulli und ich viel gesprochen haben, gelang es mir, positiv nach vorn zu schauen, mein Selbstbewusstsein zu stärken und mutig in neue Rollen einzutauchen, einerseits, weil ich mich bewusst dafür entschieden hatte, andererseits, weil es dringenden Handlungsbedarf gab.

Ich wollte wieder aktiv werden. In dieser Situation war es plötzlich selbstverständlich, Aufgaben im Haushalt zu übernehmen. Ulli hatte schließlich die Hauptrolle im Business gespielt und war erfolgreich. Warum sollten wir das ändern?

Wir beide haben, seitdem wir uns kennen, immer wieder über unsere Werte gesprochen. Ullis Werte sind ein bisschen anders als meine, weil sie von ihrer Grundeinstellung her sehr erfolgsorientiert ist. Das ist gut so, denn wir beide ergänzen uns in dieser Dualität. Unser Leben hat sich nach meinem Burnout nachhaltig verändert, für uns beide. Wir haben viel darüber gesprochen, was mir wichtig ist und was Ulli wichtig ist. Für mich ist es elementar, Ullis Verständnis für mich zu spüren. Mir reicht nicht, ihre Bestätigung nur zu hören, ich muss sie tief in mir fühlen. Das beruhigt mich und gibt mir die Sicherheit, angenommen und geliebt zu sein.

Dann fühle ich mich stark und kann jede Herausforderung annehmen, ohne in eine Krise zu geraten, in den Widerstand zu gehen oder gar wütend zu werden. In unserem kleinen Privatuniversum hat Ulli sich als Superwoman entfalten können und ich konnte mich zum kreativen Denker und Visionär entwickeln und bin damit der Superhero an ihrer Seite geworden. Wir beide ergänzen uns perfekt.

Seit einiger Zeit befinden wir uns wieder in einem Prozess der Neuorientierung, der größer und herausfordernder ist als je zuvor. Dieser braucht absolute Offenheit und Rollenflexibilität auf beiden Seiten. Schon 2011 haben wir erkannt, dass wir unsere Businessstruktur weiterentwickeln und noch sehr viel unternehmerischer in Richtung Network-Marketing denken müssen. Wir waren bis dahin unglaublich produktverliebt und haben zu viel Energie in die zwei Ausbildungsstätten der Aromaakademie gesteckt. Das ist uns allerdings erst bewusst geworden, als das Wachstum unserer Netzwerkorganisation stagnierte und sich der Umsatz nicht so weiterentwickelte, wie wir das erwartet hatten.

Es mussten neue unternehmerische Entscheidungen getroffen werden. Also haben wir die Ist-Situation analysiert und nach Schwachstellen gesucht. Da waren zum einen die beiden Ausbildungsniederlassungen der Aromaakademie, in denen wir bis zu sechzehn Trainer beschäftigten, die zum Thema Aromatherapie schulten. Zum anderen haben wir die ätherischen Öle verkauft, nicht wenig, doch die Wachstumsgrenze war erreicht und der Kosten-Nutzen-Faktor stimmte nicht mehr. Es blieb zu wenig Ertrag übrig. Mit anderen Worten: Wir wuchsen nicht mehr. Das wollten wir ändern. Wir erkannten, dass wir bis dato zu produktbezogen gearbeitet und zu wenig Zeit in den strukturellen Network-Aufbau investiert hatten. Wir hatten die unglaublichen Möglichkeiten des Geschäftsmodells Network-Marketing nicht einmal annähernd ausgeschöpft. Außerdem hatten wir uns verändert und spürten, dass es Zeit wurde, das Unternehmen auf den nächsthöheren Level zu heben.

Wir besuchten etliche Seminare und verschiedenste Weiterbildungen bei namhaften Trainern und haben gelernt, unternehmerischer zu denken und zu handeln. Der Widerstand blieb nicht aus. Es gab Partner in unserem Team, die diesen neuen Weg nicht mitgehen wollten. Doch wenn man in seinem Team jemanden hat, der die eigene Denkweise nicht mitträgt, funktioniert Wachstum nicht.
Das war für uns beide eine harte Erkenntnis. Darauf basierend trafen wir die Entscheidung, das gesamte Trainerteam aufzulösen. An diesen Punkt zu gelangen, dauerte natürlich seine Zeit, vor allem weil es uns schwerfiel, uns von den alten Strukturen zu lösen. Doch letztendlich. trennten wir uns 2017 von unseren letzten Trainern als wir realisierten, dass wir das Konzept der Akademie verändern und vom persönlichen Gruppenunterricht wegkommen mussten, um effektiver zu arbeiten. Unsere Idee war, die Produktschulungen einfacher zu gestalten.

Wir wollten neue Wege für die Kommunikation mit unseren Partnern und Kunden finden. Digitaler werden. Das, was heute normal ist, wurde damals belächelt.

Da es noch vertraglich vereinbarte Trainingsverpflichtungen gab, sprang ich in diese Lücke und habe alle Trainings von unseren Trainern übernommen. Fast eineinhalb Jahre lang war ich unterwegs und habe Leute unterrichtet, die unsere Ausbildungen gebucht und bereits bezahlt hatten. Das war anstrengend, aber auch eine gute Erfahrung, von der ich heute noch profitiere. Natürlich haben wir darüber diskutiert, wer die restlichen Trainings übernehmen sollte.

Ein gebuchter Trainer, Ulli oder ich? Ulli konnte es nicht machen, denn sie hat das Geschäft geführt.

Es war darum schnell klar, dass ich es machen müsse, auch wenn ich es eigentlich gar nicht wollte. Ich war innerlich schon viel weiter und es fiel mir schwer, dem Thema Aromatherapie und Produktschulungen noch einmal so viel Raum zu geben. Viel lieber hätte ich Kurse zum Thema Business-Mindset im Network-Marketing gegeben. Damit hätte ich dem Wachstum unserer Netzwerkorganisation und unseren Partnern mehr gedient. Die Aromatherapie und das Business-Mindset waren zwei völlig verschiedene Inhalte. Bei der Einstellung zum Business geht es um Motivation, um Power, um Energie. Bei der Aromatherapie hingegen um Content, Content, Content in Bezug auf die Produkte. Auch wenn ich mich lieber um das neue Thema gekümmert hätte, wollten wir unseren Verpflichtungen nachkommen. Also haben wir das durchgezogen, ohne dabei unser großes Ziel und das Wachstum unserer Organisation aus den Augen zu verlieren.

Rückblickend konnten wir erkennen, dass wir jahrelang zu wenig Energie in den Aufbau unseres Teams und die Gewinnung neuer Partner, die nicht nur Produkte kaufen, sondern sich selbst ein großes Netzwerk aufbauen wollten, investiert hatten. Wir realisierten, welche unendlichen Möglichkeiten Network-Marketing bietet. Als uns das klar wurde, haben wir uns neu ausgerichtet, eine komplette Kehrtwendung gemacht. In den letzten zehn Jahren ist unser Business stark gewachsen, in erster Linie, weil wir intensiv an der Struktur gearbeitet haben, nicht nur, um mehr Partner zu gewinnen, sondern auch um sie qualitativ zu schulen und ihnen zu ihrem eigenen Erfolg zu verhelfen.

Strukturen entwickeln sich immer weiter. Im Moment sehen wir die rasanten Fortschritte in der Digitalisierung und wissen, dass es große Veränderungen in unserer Kommunikation geben wird.

Wir sind dabei, mithilfe führender Experten ein professionelles Onlinemarketing-Konzept aufzubauen, und konzentrieren uns auf die Automatisierung wichtiger Prozesse. Damit bieten wir unseren Partnern einen noch besseren Service und verschaffen uns gleichzeitig mehr Zeit. Das erfordert ein konsequentes Umdenken. Unternehmerische Schritte wie diese brauchen Aufmerksamkeit und Zeit. Die macht man nicht mal eben schnell nebenbei.

Unsere Kommunikation nach außen hat sich, auch aufgrund der Corona-Krise, verändert. Wir arbeiten heute fast nur noch mit Video-Calls und Webinaren. Damit trainieren und begleiten wir in der gleichen Zeit wie früher deutlich mehr Menschen. Durchschnittlich haben wir mehrere Hundert Leute bei unseren Trainings und Coaching-Calls. Ohne moderne Technologien, wie Zoom oder Skype, wäre das gar nicht möglich oder mit sehr viel mehr Energie, Zeit und Kostenaufwand verbunden. Ich als Meisterdenker sehe das als Herausforderung, denn so ein Digitalisierungsprozess will gedanklich sehr genau geplant und technisch perfekt umgesetzt sein.

Es ist erfüllend für mich, dass ich hier spannende Denkaufgaben habe, in die ich meine Lebenserfahrung einbringen kann. Ulli wird diese Ideen anschließend innerhalb der Unternehmensstruktur perfekt umsetzen und integrieren. Sie ist zudem diejenige, die alles nach außen kommuniziert. Wir haben heute mehr Arbeit denn je, das ist eine Herausforderung für unsere Beziehung. Dazu kommt die erneute Verschiebung von Aufgabenbereichen. Ulli ist nun in der Top-Leader-Position und hat die Leitung der gesamten Organisation und alles, was dazu gehört, übernommen. Auch die Führung unserer Mitarbeiter. Wichtige Entscheidungen treffen wir jedoch immer gemeinsam.

Um das alles gut meistern zu können, haben wir kürzlich beschlossen, dass ich einige meiner geplanten Aufgaben erst mal ruhen lasse, um mehr Zeit in die Planung der Automatisierungsprozesse stecken zu können. Das nimmt uns beide auf verschiedenen Ebenen sehr in Anspruch. Es gilt, wichtige Entscheidungen zu treffen. Dabei muss ich akzeptieren, dass ich in manche Vorhaben nicht mehr mit eingebunden bin. Für mich ist das manchmal schwer, denn ich muss akzeptieren, dass ich einige Prozesse nicht mehr allein in der Hand habe.

Das gilt auch für die Aufgabenverteilung, bei der neuerdings junge Leute in unserem Team einiges übernehmen. Auch dahingehend muss ich umdenken und lernen, dass ich abgeben und vertrauen muss.

Die Jugend bringt ihre modernen Ideen ein. Da kann ich gar nicht mehr mithalten, weil ich ein anderes Verständnis habe. Junge Leute denken anders und gehen Dinge wie Onlineprozesse auf ihre Weise an. Sie sind mit der digitalen Technologie, Social Media und Onlinemarketing groß geworden, während Menschen in unserem Alter sich alles, was damit zusammenhängt, mühsam erarbeiten müssen.

Bei mir schleichen sich dann gerne mal Gedanken ein wie: „Ich bin nicht mehr gefragt. Ich gehöre zum alten Eisen." Doch das ist natürlich Schmarrn, um es österreichisch auszudrücken. Zu meinen Aufgaben gehört schließlich, zurücktreten zu können und Menschen ins Unternehmen zu holen, die manches besser können als ich. Dabei ist egal, ob sie jung oder alt sind. Ulli und ich haben jahrelang alles allein und später zunächst mit einem winzigen Team gemacht. Das prägt.

Daher ist die Umstellung für mich ein krasser Prozess. Gut zu delegieren, will gelernt sein. Wir sind so stark gewachsen, dass es immenser strategischer Änderungen bedarf, wenn wir mit der Zeit gehen und der Größe unseres Unternehmens gerecht werden wollen. Ich lerne gerade, das zu akzeptieren.

Ulli schmunzelt manchmal, weil dieses Thema auch zwischen uns ab und zu Spannung erzeugt. Sie tickt diesbezüglich völlig anders als ich, ist sehr viel pragmatischer. Doch sie kennt mein Bedürfnis nach Anerkennung und meine Angst, nicht mehr gebraucht zu werden. Ich bin überaus froh, dass sie mich versteht. Wenn ich mal wieder in einer kleinen Krise stecke und jammere, weil ich denke, dass niemand mich braucht, erklärt sie mir, dass das überhaupt nicht stimmt und unser Business ohne

mich nicht funktionieren würde. Ich glaube, jeder kennt diese nervigen inneren Stimmen, diesen Dialog im Kopf, bei dem man andauernd alles hinterfragt und zu allem einen Kommentar abgibt. Damit versuche ich, mich anzufreunden, sodass mich Selbstzweifel nicht mehr nerven. Wahrscheinlich sind das einfach Anzeichen meiner Midlife-Crisis. Schließlich bin ich inzwischen Mitte Fünfzig.
Das Schlimmste daran ist allerdings die permanente Frage nach dem Sinn von allem. Sie begleitet mich ständig und lässt mich häufig nicht zur Ruhe kommen.

ULLI ERZÄHLT Als seine Frau, nehme ich Vijays Zweifel, seine Bedenken und auch seine Krisen sehr ernst. Er ist eine hochsensible Seele - wie nahezu alle kreativen Genies. Ich versuche deshalb, ihm das Gefühl zu geben, dass er sich um nichts Sorgen machen muss. Vijay ist ein großartiger Denker und ein unglaublich guter Motivator, er müsste mit seiner Weisheit noch viel mehr nach außen gehen. Ich sage ihm immer wieder, wie außergewöhnlich er ist, und bitte ihn, nicht an sich selbst zu zweifeln. Vijay ist in meinen Augen ein besonderer Mann, der mit seinem Wissen und seinen Fähigkeiten unglaublich vielen Menschen da draußen helfen und unsere Partner und Teams auf ihrem Erfolgsweg begleiten kann. Er hat die besondere empathische, fast mediale Gabe, in die Seele der Menschen zu sehen, und weiß genau, wie er mit jemandem sprechen muss, um ihn zu inspirieren und zu motivieren. Ich wünschte mir, dass er sich noch mehr seinem Denken und dieser Arbeit mit den Menschen widmet, und versuche, die stressigen Alltagsaufgaben von ihm fernzuhalten.

Wir sind gerade in einem großen Umbruch und gehen den Weg von einer Zwei-Personen-Show zu einem digitalisierten, internationalen Unternehmen. Wir brauchen mehr Leute und eine stärkere Automatisierung, damit wir wieder Zeit für uns haben – zum Reisen und um unsere Pläne zu verwirklichen. Wir vergrößern unser Team permanent und holen uns regelmäßig junge Leute an Bord. Denn die gehen mit der modernen Technik ganz anders um als wir. Für mich ist das keine Bedrohung oder Einschränkung meiner Kompetenz.

Es erleichtert vielmehr ungemein meine Arbeit, wenn manche Abläufe im Hintergrund automatisch geschehen. Vijay und ich fühlen uns dabei manchmal wie die Anführer einer großen Herde. Ich glaube, unser bewusstes Wachstum und unsere Öffnung hin zur modernen Digitalisierung, für die wir uns ein Team aufbauen, sind unser nächster großer Erfolgsschritt. Das Loslassen alter Strukturen, Rollenbilder und Handlungsmuster ist für Vijay ein wenig schmerzhaft, viel mehr als für mich. Wir wollen unser Netzwerk Business auf die nächste Ebene heben, darum ist es wichtig, dass wir flexibel bleiben. Wenn jeder von uns nur die Aufgaben übernimmt, die er richtig gut beherrscht und tatsächlich gern macht, haben wir beide noch mehr Spaß an unserem Business.

VIJAY ERZÄHLT Ja, ich bewundere Ulli für ihre effiziente Arbeitsweise, sie ist stets auf das Ergebnis fokussiert. Deswegen nimmt sie viele unwichtige Dinge gar nicht erst wahr. Alles zu registrieren, würde sie von ihrem Fokus abbringen. Ich bin das ganze Gegenteil: Ich sehe alles und vor allem fällt mir sofort auf, was man daran optimieren könnte. Ich bin permanent damit beschäftigt, was wir besser, strukturierter oder anders machen könnten. Ich bin der kreative Kopf, Ulli ist die Umsetzerin. Diese sich perfekt ergänzende Dualität macht uns als Paar aus.

Ulli ist mit sich vollkommen im Reinen und innerlich klar, sie hat selten Zweifel und macht einfach, was zu tun ist. Ich hingegen stelle ständig den Sinn der Dinge infrage, habe permanent neue Ideen. Das geht anderen teilweise auf die Nerven, doch Ulli kann gut damit umgehen, manchmal sogar besser als ich selbst. Ich dürfte meine Kreativität bewusster annehmen und anerkennen, wer ich bin, statt mich ständig mit anderen zu vergleichen. Warum mir das so schwerfällt, liegt daran, dass das, was ich tue, oft nicht einmal gesehen wird, da es nur in meinem Kopf stattfindet. Das nervt manchmal. Gedanken sind nun mal nicht sichtbar und in keiner realen Währung berechenbar. Das lässt mich ab und an zweifeln, auch wenn Ulli mir immer wieder versichert, wie wichtig meine Ideen sind, und dass unser Unternehmen nicht da stünde, wo es steht, wenn es mich und meinen kreativen Kopf nicht gäbe.

Für unsere Beziehung bin ich so unglaublich dankbar, dass ich es nicht in Worte fassen kann. Sie ist außergewöhnlich, ein wahres Geschenk. Mit Ulli kann ich über alles sprechen, alles ausdiskutieren, über alles streiten, alles auseinandernehmen und wieder neu zusammensetzen. Dabei achte ich immer auf den Zeitpunkt, wann ich bestimmte Dinge anspreche, denn wenn ich einen falschen Zeitpunkt wähle, reiße ich sie aus ihrem Fokus. Darum versuche ich, sie mit meinen Gedanken nicht zu belasten. Dass ich so viel und über alles nachdenke, ist emotional gesehen manchmal ein Horror für mich, und für sie. Es gibt Momente, in denen wir deswegen zusammenkrachen, und zwar gewaltig.

Doch dann versuchen wir, uns schnell wieder zu finden, um diesen Prozess, der nur in mir abläuft, in eine Erkenntnis umzuwandeln und daraus zu lernen. Ulli ist die stärkste Person, die ich kenne. Um sie muss ich mir nie Gedanken machen, sie schafft, was sie sich vornimmt. Ich bewundere ihre innerliche Balance und ihre pragmatische, starke Art. Was für ein großes Glück, so eine Frau an meiner Seite zu haben.

ULLI ERZÄHLT Viele Dinge sind einfacher gesagt als getan, denke ich manchmal, wenn ich Vijay höre. Ein gutes Beispiel ist die traditionelle Rollenverteilung in der Familie. Sie ist so in unseren Köpfen fixiert, dass es schwer ist, sie flexibel zu gestalten oder gar aufzulösen.

Es doch zu versuchen, ist eine große Herausforderung für ein Paar und ein anspruchsvoller, gemeinsamer Prozess. Wir haben das geschafft. Betrachtet man das klassische Rollenverständnis, sieht man, dass es oft die Frauen sind, die sich um Kinder und Haushalt kümmern und dafür zu Hause bleiben. Der Mann hingegen geht arbeiten und bringt das Geld heim. Einen Haushalt zu führen ist im gesellschaftlichen Verständnis seit jeher eine Tätigkeit zweiter Klasse. Frauen bekommen bis heute kein Gehalt dafür, von niemandem.

Sie begeben sich stattdessen in finanzielle Abhängigkeit von ihrem Mann oder müssen sich einer Doppelbelastung aussetzen, um Familie und Beruf unter einen Hut zu bringen. Viele Frauen gehen dabei täglich bis an ihre Grenzen. Hinzu kommt, dass sie im Job ständig kämpfen und mit ihrer Zeit jonglieren müssen, eben weil sie noch all die anderen Aufgaben daheim haben.

Als Vijay und ich die klassischen Rollen getauscht haben, schwang das alte Rollenbild noch leise mit. Für uns stand dabei im immer Vordergrund, die Wertschätzung für den anderen nicht zu verlieren.
Ich glaube, dass Männer diese Wertschätzung mehr brauchen als wir Frauen, vor allem wenn sie Haushaltstätigkeiten und Kinderbetreuung übernehmen. Ich schätze es sehr, dass Vijay sich um den Haushalt kümmert und mir den Rücken freihält. Für mich ist das nicht selbstverständlich. Ihn dafür zu loben und mich zu bedanken, ist für mich keine große Sache. Er sorgt sehr gut für die Kinder. Dafür gebe ich gerne Zeichen meiner Anerkennung und jedes Lob kommt aus tiefstem Herzen. Ich bin so glücklich darüber, dass ich mich ohne schlechtes Gewissen und ohne Sorge, dass die Kinder zu kurz kommen, auf meine Arbeit konzentrieren darf. Großartig. Ich bin inzwischen diejenige, die das Geld zu einem Großteil nach Hause bringt. Doch ich lasse es nicht raushängen, so wie es früher viele Männer getan haben.

Ich möchte Vijay nicht das Gefühl geben, finanziell von mir abhängig zu sein. Denn finanzielle Abhängigkeit erzeugt negative Energie und mit der Zeit Unzufriedenheit. Darauf lässt sich keine gleichwertige Partnerschaft aufbauen. Ich zeige meine Wertschätzung. Wenn ich die bekomme, stärkt mich das ja auch. Wir wissen es zu schätzen, wenn sich das Rollenverständnis mehr und mehr wandelt, weil wir jahrhundertelang darum kämpfen mussten. Für uns Frauen ist es einfacher, die verkrusteten Rollenbilder hinter uns zu lassen. Das gibt uns den Freiraum für Erfolg. Schwierig ist allerdings, die Aufgabenbereiche zweier Partner flexibel zu gestalten. Frauen sind anpassungsfähiger als Männer. Das Network-Marketing-Business unterstützt diese Flexibilität, keine Frage, denn es hat andere Strukturen als ein klassisches Unternehmen. Es fordert größtmögliche Flexibilität, Aufgaben und Anforderungen wechseln ständig. Das System ist nicht starr und jeder Networker hat eigene Strategien. Dabei gibt es kein Gut oder Schlecht. Entscheidend ist das Gespür für Chancen und für das, was gerade gebraucht wird. Dieses situativ bedingte Arbeiten macht unser Business so spannend.

Es ist generell eine der größten Herausforderungen unserer Gesellschaft, alte Rollenbilder loszulassen. Sie haben sich über viele Generationen hinweg gehalten. Eine große Chance unserer Zeit liegt darin, uns davon zu lösen. Sollten wir nicht eher neugierig sein auf das, was sich jenseits davon entwickeln kann? Wenn Paare das zusammen schaffen, ebnen sie sich den Weg zu mehr Miteinander, engerer Verbundenheit und – gemeinsamen Erfolg.

Wenn eine Frau sich beruflich engagiert, verdient sie meist weniger Geld als ein Mann in gleicher Position. Männer sind deshalb in vielen Familien immer noch die Haupternährer. Die Erfolgskurve mancher Frau wird dabei unbewusst von überholten Glaubenssätzen zum Geldverdienen beeinflusst – auch im Network-Marketing. Wenn eine Frau mehr Geld verdient als ihr Mann, bringt ihr das oft keine positive Resonanz ein, sondern sie erntet stattdessen Gegenwind.

Manche Männer fühlen sich von erfolgreichen Frauen bedroht.

Solche Bedenken prägen einige Frauen und nicht jede hat den Mut, erfolgreicher zu werden als ihr Mann. Viele haben unbewusst Angst vor Konfrontation. Das lässt sie vor dem eigenen großen Erfolg zurückschrecken. In unserem Team gibt es einige, die sich darum sorgen, wie sie ihren eigenen Erfolg dem Ehemann erklären sollen. Als Frau mehr zu verdienen, ist für manche eher ein Makel. So eine Einstellung verhindert so manchen Erfolg von Frauen und nimmt ihnen die Chance, in ihrem Business zu wachsen. Ich kenne einige Frauen, die sich den ganz großen Erfolg gar nicht zutrauen und lieber in sicheren Gewässern dahinplätschern. Dass sie sich ihrer Angst vor Ablehnung nicht stellen, ist eine massive Bremse auf der

Karriereleiter. Männer hingegen kennen diese Gedanken gar nicht, sondern sind von Haus aus in dieser Hinsicht sehr viel mehr von sich überzeugt.

Wenn das Business einer Teampartnerin auf einem bestimmten Level plötzlich stagniert, schaue ich, warum sie nicht weiterkommt, warum sich ihr Umsatz nicht mehr nach oben bewegt. Wenn ich im Gespräch dann tiefer bohre, höre ich nicht selten alte Glaubenssätze und unbewusste Ängste heraus. Meist fürchtet die Frau die Anerkennung ihres Partners zu verlieren. Aus eigener Erfahrung weiß ich aber, wie wichtig es ist zu lernen und einhundertprozentig zu sich selbst zu stehen.

Für uns Frauen ist das noch entscheidender als für Männer, die meist von Natur aus mit einem starken Selbstbewusstsein gesegnet sind. Nur dann, wenn ich mir meinen Erfolg auch wirklich zugestehe, kann ich erfolgreich werden. Ich persönlich bin seit jeher ehrgeizig und mutig, doch auch ich musste an meinen Glaubenssätzen in Bezug auf Geld und Erfolg arbeiten, um dorthin zu kommen, wo ich heute bin.

Ich möchte darum alle Frauen ermutigen, sich bewusst zu erlauben, auch erfolgreich zu sein. Egal, wo sie gerade mit ihrem Business stehen. Wenn sie sich der unbewussten Angst stellen, lässt diese sich überwinden.

Wir beide als starkes Paar

VIJAY ERZÄHLT Ulli und ich hören manchmal von anderen, dass man unsere starke innere Verbindung als Paar spürt. Diese Kraft ist fast magisch und entsteht aus meiner Kreativität und Ullis Klarheit.
Auch wenn das zwei Welten sind, eigentlich sogar Lichtjahre dazwischen liegen, sind wir dennoch, oder gerade deswegen eine Einheit, strahlen Harmonie und gegenseitige Akzeptanz aus. Wir fühlen uns wie mit unsichtbaren Fäden zwischen unseren Herzen verbunden.

Wir leben unsere Beziehung und die zu unserer Familie ebenso intensiv wie unseren gemeinsamen Business-Erfolg. Es gibt sicher viele Paare, die genauso perfekt zueinander passen und gemeinsam arbeiten könnten. Viele Frauen und viele Männer haben sicher auch so einen Goldschatz oder Diamanten an ihrer Seite wie ich in Ulli habe, sehen ihn aber gar nicht und schätzen die Einzigartigkeit nicht. Das Leben zu zweit wird mit der Zeit für viele Paare selbstverständlich, eintönig und der Alltag frisst die Wertschätzung auf. Wir möchten daher andere Paare mit unserer Geschichte inspirieren, einen neuen, wieder spannenden Weg einzuschlagen.

Weil Ulli und ich perfekt zusammenpassen, funktioniert sowohl unser gemeinsames Leben, als auch unser Business so gut. Wir können gegenseitig mit den Schwächen des anderen umgehen; sie liebevoll akzeptieren. Manchmal bringe ich sie allerdings auch mit meinen Aktionen an ihre Grenzen. Aber dann klären wir das auf. Egal, was es ist, wir gehen immer pragmatisch an Unstimmigkeiten heran und wissen, dass wir uns da gegenseitig herausholen können. Dabei sind wir uns gar nicht ähnlich, ganz im Gegenteil. Wir sind vom Wesen und Charakter her völlig unterschiedlich. Es heißt ja, Gegensätze ziehen sich an. Das scheint bei uns zuzutreffen. Nichtsdestotrotz mussten wir als Paar lernen, respektvoll mit dieser Dualität umzugehen und sind auch manchmal durch Höhen und Tiefen gegangen, doch die Liebe hat uns stets getragen. Es kann aber auch passieren, dass diese Dualität unversöhnliche Situationen entstehen lässt. Trotzdem versöhnlich zu bleiben, ist eine Kunst, die wir beide zum Glück exzellent beherrschen. Wir betrachten uns gegenseitig als ergänzend, als sich gegenüberstehend. Das ist spannend und wir haben gemerkt, wenn wir es schaffen, in dieser Dualität Liebe, Respekt und Achtung voreinander lebendig zu erhalten, schaffen wir eine dauerhafte, wunderbare Basis für eine harmonische Beziehung. Wir werden oft gefragt, wie es uns gelingt, ständig so eng miteinander verbunden zu sein. Ehrlich gesagt, kann ich das nur schwer beschreiben. Es ist die Summe vieler Einzelteile, wie bei einem großen Puzzle.

Zuallererst ist da die Akzeptanz, die wir füreinander haben. Wir holen uns immer wieder gegenseitig ab, nehmen den anderen mit, entwickeln uns gemeinsam weiter. Mit einer ebenso großen Akzeptanz und Wertschätzung begegnen wir allen Menschen, auch im Business. Menschen spüren das. So etwas kann man, glaube ich, nicht lernen. Diese Gabe hat man oder man hat sie nicht. Sie hat mit Menschenliebe zu tun, mit Neugierde auf andere Menschen. Aber auch mit Dienen und Dienstleistung. Wir beide tragen das von Natur aus in uns. Auch das ist einer der Gründe unserer tiefen Verbindung. Damit können wir viele Hindernisse überwinden und sind auch in der Lage, klassische Rollenbilder aufzulösen. Das ist in der heutigen Zeit immens wichtig und entspricht der Einzigartigkeit von meiner und Ullis Persönlichkeit. Ich bin eine sehr starke, männliche, Ulli ist eine ebenso starke, weibliche, Persönlichkeit. Wir sind uns wichtig, keiner kann auf den anderen verzichten, weder im gemeinsamen Leben noch im Unternehmen.

Wir haben große Ziele und versuchen, unsere Stärken richtig einzusetzen. Ulli besitzt eine herausragende Weisheit in Bereichen, wo ich sie nicht habe. Ich bin auf einer ganz anderen Ebene weise. Diese Dualität macht uns zusammen stark. Wie Yin und Yang.

Auch, dass ich der Visionär von uns beiden bin und Ulli diejenige ist, die alles umsetzt, zählt zu dieser Dualität. Es hat lange gedauert, bis ich selbst meine Kreativität als wertvoll anerkennen und wertschätzen konnte. Irgendwann fiel mir auf, dass fast alles, worüber ich spreche, die Zukunft betrifft. Ich bin mit meinen Ideen immer weit voraus. Andere bewegen sich gedanklich in der Gegenwart und wollen dort Lösungen finden. Das sorgt für Spannungen. Ich bin oft auf Unverständnis bei meinen Gesprächspartnern gestoßen, habe aber nie verstanden, warum. Selbst Ulli und ihre Tochter Alice, mit denen ich eng zusammenarbeite, können mir häufig nicht folgen.
Sie können nicht nachvollziehen, wovon ich spreche. Ich bin zu schnell und zu weit voraus. Das hat mir sehr zu denken gegeben. Schließlich habe ich realisiert, dass ich mich anders ausdrücken muss, wenn man mich verstehen soll. Ich sehe oft

Möglichkeiten, Prozesse und Ereignisse, die noch nicht existieren, die weit in der Zukunft liegen so, als wären sie schon da. Darum können mich andere nicht verstehen. Das war für mich eine wichtige Erkenntnis. Heute versuche ich, im Moment zu bleiben und meine Kommunikation klarer darauf auszurichten, was gerade angesagt ist. Ich behalte meine Zukunftsvisionen für mich, weil meine Gesprächspartner nichts damit anfangen können.

Das ist für mich oft nicht so einfach, denn ich sehe bei aktuellen Herausforderungen, die gelöst werden müssen, schon bessere zukünftige Lösungen, die ein anderes Handeln erfordern würden. Das versuche ich zu transformieren und im Kopf Realisierungsschritte für die Gegenwart zu finden, die das Zukünftige implementiert. Da klafft eine Lücke, die nicht so einfach zu überwinden ist. Manchmal erkenne ich auch in dem Moment nicht, dass meine Visionen zwar gut durchdachte Konzepte sind, sie aber viel längere Veränderungsprozesse als erwartet bräuchten, um realisiert zu werden.

Manchmal frage ich mich aber auch selbst kritisch, ob meine Ideen überhaupt realistisch sind – auch in der Zukunft – und was ich davon in der jetzigen Situation umsetzen könnte. Dann versuche ich eine gedankliche Brücke zu schlagen zwischen dem Hier und Jetzt und dem Morgen. Erst wenn ich diesen Schritt im Kopf gemacht habe, kann ich es anderen erklären. Ich nehme mich mehr und mehr aus dem aktuellen Tagesgeschäft heraus und gebe dieser Denkarbeit mehr Raum. Dann versuche ich, Abläufe, Ideen und Konzepte zu entwickeln, die unser Unternehmen erfolgreicher und nachhaltiger machen könnten. Darin liegt meine Stärke, denn ich kann diese Ideen strukturiert zu Papier bringen und daraus Konzepte entwickeln, mit denen Ulli und unser Team arbeiten und die sie langfristig umsetzen können.

Ullis Arbeitsweise ist vollkommen anders als meine, also ergänzen wir uns auf einzigartige Weise. Sie fragt sich bei allem, ob das, was sie gerade tut, sie ihrem Erfolg näherbringt. Ich dagegen frage mich, ob ich ausreichend Zeit habe, darüber nachzudenken, meinen Impuls zu einem klaren Bild zu formen, sodass ich daraus eine Lösung für aktuelle und zukünftige Probleme entwickeln kann. Das sind zwei komplett konträre Ansatzpunkte. Deswegen ist es mir so wichtig, auch für meine nicht sichtbare Denkarbeit, Anerkennung zu bekommen. In manchen Situationen ist das nicht so einfach, weil niemand greifen kann, was in mir vorgeht. Ich fühle mich dann sehr allein und unverstanden, weil meine Gedankenprozesse, zwar einerseits genial, andererseits aber auch anstrengend sind. Ich schaffe in meinem Kopf komplexe Zusammenhänge. Das ist von außen für niemanden sichtbar.

Für Ulli zählen nur Ergebnisse. Ihr sind die Entwicklungsprozesse dahinter meist vollkommen egal. Wenn ich ihr etwas erkläre, habe ich häufig das Gefühl, dass sie mir nicht zuhört oder mich nicht ernst nimmt. Sie ist dann mit ihren Gedanken woanders. Ihre Anerkennung für meine Denkarbeit kommt immer erst sehr, sehr viel später, wenn das, was ich entwickelt habe, auch in der Praxis gut funktioniert. Für mich ist jedoch der Prozess das Wichtigste, weil dadurch das Zukünftige kreiert wird. Man muss schließlich auch erst einmal Sex haben, um später ein Kind zu bekommen.

Egal, wie lange man vorher über das Ergebnis redet, ohne die Entwicklung wird es nicht eintreten. Ich liebe diese kreativen Schöpfungsprozesse. Wenn es zwischen Ulli und mir zu Konflikten kommt, dann meist, weil ich mich in diesem Punkt unverstanden fühle. Natürlich merke ich, wenn sie sich nur mit meinen Ideen beschäftigt, weil sie meine Unzufriedenheit erkennt. Wenn sie den tieferen Sinn in meiner Botschaft nicht versteht und es nur tut, damit ich Ruhe gebe, ist es für mich unbefriedigend, weil es mir schließlich um die Weiterentwicklung geht.

ULLI ERZÄHLT Das ist tatsächlich ein immer wiederkehrender Konfliktpunkt zwischen Vijay und mir, der mehr Verständnis von uns fordert. Ehrlich gesagt sehe ich oft nicht, was Vijay tut und ob er überhaupt etwas tut. Ich weiß, dass er ein Meisterdenker ist und verlasse mich in diesem Punkt einhundertprozentig auf ihn. Dennoch ist es für mich schwierig zu verstehen was abläuft. Denkprozesse kann man von außen nun mal nicht sehen. Aus meiner ergebnisorientierten Perspektive heraus, passiert in Momenten des Nachdenkens folglich nichts. Ich kenne intensives Nachdenken gar nicht, weil ich pragmatisch an die Dinge herangehe und schnell im Überlegen bin.

Darum verstehe ich nicht, warum es manchmal so lange dauert bis Vijay ein Ergebnis liefert, und muss mich regelmäßig selbst daran erinnern Vijays wertvolle Kopfarbeit entsprechend anzuerkennen. Deswegen kommt es immer wieder zu Spannungen zwischen uns. In solchen Momenten verhalte ich mich häufig wie eine Idiotin und kann wirklich ungerecht sein, das weiß ich selbst. Das ist aber eher den stressigen Alltagssituationen geschuldet, in denen ich unglaublich viel auf die Reihe bekommen muss, während Vijay „nur" denkt.

Ich fahre dann meist einfach über Vijays Gedanken drüber hinweg, drücke ihm meine Sicht der Dinge auf, ohne mir anzuhören, was er mir sagen will. Ich bin dann ungerecht und ungeduldig, weil ich mit meinen Gedanken schon in der Umsetzung bin. Ich bin nicht in einem Prozess wie er, sondern ich denke bereits über die Realisierung nach und frage mich beispielsweise, wie ich eine Idee schnellstmöglich online stellen kann. Dadurch, dass ich so bin, mache ich Vijay mit Sicherheit oft das Leben schwer, einfach, weil er sich von mir nicht gehört fühlt. Ich glaube, das hat auch etwas mit der allgemein unterschiedlichen Handlungsweise von Männern und Frauen zu tun:

Er möchte mir etwas Großartiges präsentieren; ich hingegen habe schon etwas anderes im Kopf und ziehe aus seiner Idee nur die schnell nutzbaren Aspekte heraus. Setze sie sofort um.

Da bin ich gefordert, mich zurückzunehmen. Prinzipiell weiß ich Vijays Fähigkeiten und seine Weisheit sehr zu schätzen. Doch im Alltagsstress geht das manchmal verloren. Das führt zu Spannungen. Deshalb ist uns dieses Automatisierungsprojekt so wichtig, denn mit ihm bekomme ich Entlastung von zeitfressenden Alltagsaufgaben. Vijays Genialität zeigt sich für mich vor allem, wenn er Leute coacht und mit ihnen arbeitet.

Das ist etwas, was ich nicht kann. Ich könnte ohne ihn kein Coaching durchführen. Ich sage zu den Leuten, dass sie ihren Hintern hochkriegen sollen, liefere ihnen Daten, Zahlen, Fakten und weiß oft nicht, worüber ich sonst noch reden soll. Vijay indes hat die Fähigkeit, in andere hineinzuschauen. Sie zu lesen. Er dringt in viel tiefere Ebenen vor, öffnet und inspiriert die Menschen. Ich hätte gern, dass er das noch viel mehr nutzt, denn es ist eine große Bereicherung für unsere Partner.

VIJAY ERZÄHLT Wenn ich eine Plattform dafür hätte, würde ich das auch gerne tun. Ulli sieht das richtig, alles, was ich mache, kommt nicht einfach aus meinem Denken heraus, sondern entsteht, wenn ich Menschen gegenübersitze. Dann ist es, als ob eine Tür nach oben aufgeht. Diese Eingebungen sind ein Geschenk. Pure Inspiration. Sie kommen über mich und äußern sich in genialen Sätzen, die ich sage, aber nie wiederholen könnte.

Diese Einfälle sind nicht in meinem Gehirn gespeichert, sie laufen einfach durch mich durch. Wenn bei einem Gruppen-Coaching jemand etwas Interessantes sagt, greife ich das auf, denke mich unmittelbar in das Gesagte hinein und spüre, wie sich in mir etwas öffnet, wie ein unsichtbares Tor, eine Verbindung direkt nach oben. Dann werde ich zum Medium, spreche auch langsamer, nehme mich komplett heraus. Das ist eigenartig. Ich kenne diesen Vorgang inzwischen und suche nach Möglichkeiten, wie ich diese Gabe häufiger einsetzen und noch mehr mit anderen Menschen teilen kann.

ULLI ERZÄHLT Weil er diese Gabe hat, ist Vijay auch derjenige von uns beiden, der nicht im, sondern am Unternehmen und mit den Menschen arbeitet. In meinen Augen ist er begnadet. Es ist einzigartig, wie er Menschen inspiriert und weiterbringt. Er verändert ihr Bewusstsein. Wenn es nach mir ginge, müsste er das noch mehr nutzen, denn aktuell tut er auch noch Dinge, die ihm nicht liegen. In den letzten Jahren war das noch oft nötig, weil unser Team noch so klein war.

Alle haben mit angepackt, was immer es zu tun gab. Vijay hat es immer sehr diszipliniert und mit viel Engagement mitgemacht. Doch heute sind wir an dem Punkt, wo wir gemeinsam neue Strukturen schaffen, um Vijay aus dem Alltagsbusiness herauszunehmen. Damit geben wir ihm Freiräume. Ziel ist, einen Rahmen, eine Plattform für seine Fähigkeiten zu schaffen, denn das bereichert nicht nur unser Unternehmen, sondern tut Gutes für die Allgemeinheit.

Menschen, die Hilfe brauchen, coacht er auf begnadete Weise in Einzel oder Teamsitzungen. Jemand, der so eine Gabe hat, sollte sich nicht mit irgendwelchen Office-Angelegenheiten aufhalten, die weder ihn noch andere Menschen weiterbringen. Darum ist er nun an seinem beruflichen Wendepunkt angekommen und ich bin glücklich, ihn da zu sehen. Er ist für Höheres bestimmt.

Wir beide befinden uns in einem Veränderungsprozess, bei dem wir wieder einmal unsere Rollen anpassen. Das wird unsere Organisation auf das nächste Level des Erfolgs bringen. Wir haben beispielsweise im Network-Marketing mit Leuten zu tun, die sich in einer beruflichen Sackgasse befinden und feststecken.

Dann kommt Vijay ins Spiel. Er spricht mit ihnen und hilft ihnen bei ihrer Weiterentwicklung. Das bringt meist auch unser Business voran.

VIJAY ERZÄHLT Ja, ich führe dieses Coaching sehr gerne durch, allerdings weniger in Einzelsitzungen. Meist sind es große Veranstaltungen, an den oft Hunderte unserer Partner teilnehmen und wir versuchen, sie so zu gestalten, dass jeder dieser Menschen ganz viele Impulse für sich mitnehmen kann.

Grundsätzlich sehe ich meine Aufgabe darin, Konzepte zu entwickeln, um die Gesamtvision von Young Living umzusetzen. Ich möchte mit meinen Ideen richtungsweisend für die Entwicklung der Firma sein, auch für die Zentrale in den USA. Und ich möchte diese Vision von Asien bis Südafrika verbreiten, um diese neuen internationalen Märkte zu unterstützen. Dabei helfen mir die Automatisierungsprozesse, die wir gerade an den Start bringen und wir wollen ein flexibles Team aufbauen, das aus Menschen besteht, die für eine bestimmte Zeit bei uns arbeiten und alles in die verschiedenen Sprachen übersetzen. Wenn wir zum Beispiel den kroatischen Markt erobern wollen, wird das Büro mit Kroaten besetzt, die innerhalb kürzester Zeit alle Materialien ins Kroatische übersetzen. In wenigen Wochen steht dann das gesamte Automatisierungssystem für Kroatien. Anschließend passiert das Gleiche für Rumänien, Griechenland und andere Länder. Meine Visionen sind groß und ich will meine Energie vorrangig in solche Projekte investieren.

Große Vision zu haben, gibt meiner Arbeit Sinn. Diese internationale Unternehmensvision ist jedoch so groß, dass ich mit Ulli kaum darüber sprechen kann, weil der Alltag sie so fordert. Ihre Art ist, sich im Hier und Jetzt auf das natürliche Wachstum unserer Organisation zu konzentrieren. Das nervt mich manchmal, weil die übergeordnete Vision für mich ein antreibender Motor ist. Manchmal könnte ich explodieren. Meine Gedanken drängen aus mir heraus. Ich sehe die Zukunft vor mir. Am liebsten würde ich alle Ideen sofort umsetzen, aber ich muss mich bremsen, weil es zu viel auf einmal ist und nicht so schnell geht, wie ich es gerne hätte.

KAPITEL 2 – DER ERFOLG UND WIR

Jeder hat seine eigenen Bilder im Kopf, wie es ist, erfolgreich zu sein. Jeder verbindet etwas anderes damit. Was ist Erfolg für uns? Was war die treibende Kraft, die uns immer wieder dazu gebracht hat, uns auf das Wesentliche zu besinnen? Am Anfang war es schlicht der Wunsch, zu überleben und den finanziellen Engpass zu überwinden. Wir wollten etwas Großes schaffen, das nicht nur uns, sondern auch anderen Menschen ein besseres, gesünderes und glücklicheres Leben ermöglicht. Daran haben wir kontinuierlich gearbeitet, bis sich Schritt für Schritt – zunächst ganz langsam – der Erfolg einstellte.

Unser erstes, vorrangiges Ziel war die Entspannung unserer finanziellen Situation. Das haben wir erreicht, denn bis heute hat sie sich zu einer vollständigen finanziellen Unabhängigkeit entwickelt. Wenn man so weit gekommen ist, bekommt Erfolg eine andere Bedeutung und man setzt sich neue Ziele und schaut weiter nach vorne. Das haben auch wir getan.

Die Zeit, in der wir das Buch geschrieben haben, war eine Zeit der Krise. Die Corona-Pandemie hielt uns in Atem, brachte unser Leben zum Stillstand, stoppte die Wirtschaft, verursachte tragische Verluste. Unzählige Menschen saßen zu Hause und wussten nichts mit ihrem Tag anzufangen. Wir alle waren phasenweise gezwungen, im Home-Office zu bleiben. Das führte bei vielen zu Lagerkoller, Streitereien, Ehekrisen. Menschen gingen sich gegenseitig auf die Nerven, weil sie nichts mit der vielen Zeit und sich, ihrem Partner oder ihrer Familie anzufangen wussten.

ULLI ERZÄHLT Vijay und ich haben diese Zeit der Krise ganz anders erlebt. Wir haben sie genutzt, um Dinge voranzutreiben, die uns weiterbringen und uns auf einer anderen, neuen Basis erfolgreich machen. Wir wünschen uns mehr Zeit für uns, noch mehr Unabhängigkeit und mehr ebenso erfolgreiche Partner. Corona war für uns eine Chance, umzudenken und unser Leben, unseren beruflichen Alltag und die täglichen Abläufe zu verändern. Doch es ist egal, ob eine Krise wie die Corona-Pandemie der Auslöser ist oder dieser einen anderen Namen trägt: Wir gestalten unser Leben selbst. Jeden Tag.

Jeden Moment. Das macht es so spannend. Das ist für uns Erfolg. Wir setzen Erfolg gleich mit der Freiheit, in jeder Situation und jedem Moment, ohne finanzielle Sorgen das tun zu können, was wir lieben.

Wir werden oft nach dem Geheimnis unseres Erfolgs gefragt. Ehrlich gesagt gibt es keines. Unser Erfolg ist die Summe vieler einzelner Schritte, die wir gegangen sind.

„Erfolg bricht nicht wie ein Gewitter über einen herein. Nein, er kommt – manchmal kaum sichtbar – mal schneller, mal langsamer. Dafür muss man etwas tun."

Alles hängt von einem selbst und der eigenen Einstellung ab. Auch wir haben viel für unseren Erfolg getan, jahrelang. Es war ein Weg mit Höhen und Tiefen. Ein Weg mit allen Facetten – mit Enttäuschungen und Tränen ebenso wie mit Glück und euphorischen Momenten.

Viele der Schritte, die wir gegangen sind, haben wir auf Beziehungsebene getan. Wir haben hinterfragt, wie wir als Team funktionieren, wie wir arbeiten und wie wir uns dabei zusammenraufen. Außerdem haben wir unsere gemeinsamen Ziele festgelegt. Im Folgenden definieren wir einige entscheidende Faktoren, die wichtig auf unserem Weg waren. Vielleicht sind sie auch für deinen Erfolg bedeutsam.

Unsere Erfolgsfaktoren

Um das zu erreichen, was wir erreicht haben, braucht es viel MUT. Mut, sich selbst zu verändern und weiterzuentwickeln. Ohne eine solche Persönlichkeitsentwicklung wirst du nur kleine

Erfolge feiern können, nicht aber den großen Schritt nach ganz oben schaffen.

Wir sind bereit, etwas zu riskieren, um voranzukommen und zu wachsen. RISIKOBEREITSCHAFT ist ein entscheidender Faktor. Sei dir bewusst, dass alles, was du tust, schiefgehen kann. Es trotzdem zu tun, erfordert wiederum Mut ein Risiko einzugehen. Doch mit guter Vorbereitung, funktionierenden Strukturen, einer planvollen Organisation und permanenter Weiterbildung kannst du das Risiko minimieren.

INTUITION ist Voraussetzung für Erfolg. Intuition ist, in sich hineinzuhören, dem eigenen Bauchgefühl, seiner inneren Stimme zu folgen. Je mehr du deine natürliche Spiritualität zulässt, desto einfacher ist es, Ziele und Wünsche zu erreichen.

Wir haben auch erfahren, wie wichtig ACHTSAMKEIT in unserem Business ist. Achtsamkeit für den Augenblick. Präsenz im Hier und Jetzt.

Wir haben gelernt, uns an den Moment anzupassen – daran, was gerade ist, – und das Beste daraus zu machen. Das Beste aus jeder einzelnen Minute. Wir sehen jedoch, dass vielen Menschen Achtsamkeit fehlt. Dadurch lassen sie wertvolle Chancen vorbeiziehen, etwa auf ein bereicherndes Gespräch mit einem fremden Menschen, der schon bald ein Partner sein könnte. Achtsamkeit kann man glücklicherweise trainieren. Jeder kann lernen, sich auf den Moment zu besinnen und dem, was gerade da ist, mehr Bedeutung zu verleihen.

Erfolg hat viel mit DURCHHALTEVERMÖGEN UND AUSDAUER zu tun und auch damit, immer alles zu geben, ohne zu zweifeln oder zu zögern. Um Erfolg zu haben, musst du aufstehen und aktiv werden. Das ist es, was uns beide auszeichnet. Wir versuchen in jeder Situation, den Augenblick zu nutzen und daraus etwas zu machen. Dadurch werden selbst Abstecher auf unserem Weg zu wichtigen Schritten, wenn wir unserem Ziel näherkommen wollen. Wir bleiben an allem, was wir machten dran und versuchen aus dem, was gerade da ist, etwas Sinnvolles zu kreieren. Wenn wir eine neue Idee realisieren wollen, reflektieren wir immer wieder den Stand der

Dinge und fragen uns, was wir ändern müssen. Das machen wir, bis unsere Idee verwirklicht ist. Wir bleiben dran, geben niemals vorschnell auf. Dieses Dranbleiben ist für uns beide elementar. Wir hätten auch, ganz zu Beginn unserer gemeinsamen Arbeit feststellen können, dass es mit uns beiden nicht funktioniert. Weil wir zu verschieden sind. Stattdessen haben wir erkannt, dass gemeinsamer Erfolg und gemeinsames Glück nicht vom Himmel fallen. Selbst wenn es abgedroschen klingt: Auch in unserer Beziehung mussten wir stets dranbleiben und uns weiterentwickeln.

Der letzte entscheidende Aspekt, um Erfolg zu haben, ist ZIELSTREBIGKEIT. Sie verleiht dir die Kraft, einen Weg von A nach B zu gehen. Dafür brauchst du unter anderem Treffsicherheit und Selbstsicherheit. Reflektiere dich regelmäßig, wo du stehst und wohin du willst. Setze dir Ziele – kurz, mittel und langfristige Ziele – und verfolge sie konsequent.

Gibt es ERFOLGS-GENE oder anders ausgedrückt, Erfolgs-DNA?
Wir glauben ja. Lass sie uns für dich entschlüsseln und die einzelnen Schritte definieren, die dich zum Erfolg im Network-Marketing führen können. Besonderes Augenmerk liegt dabei auf der zentralsten aller Fragen: Wie findest du neue Partner? Wie kannst du auf Menschen zugehen, um sie für dein Netzwerk zu gewinnen?

ULLI ERZÄHLT Ich sehe prinzipiell in jedem Menschen einen Businesspartner und so behandle ich ihn auch. Mein größtes Erfolgsgeheimnis ist, was wir Frauen gut können, zuhören und reden lassen. Frauen interessieren sich eher für andere Menschen und vielleicht ist diese Art der Kommunikation eine typisch weibliche Stärke. Auf jeden Fall ist sie ein absoluter Erfolgs-Booster. Ich lausche, wenn andere mir etwas erzählen, und unterbreche sie höchstens, um Fragen zu stellen. Dadurch öffnen sie sich und teilen mir alles mit: was sie gerade beschäftigt, ihre Probleme, ihre Gedanken. All das sind für mich Ansatzpunkte, um mit ihnen näher in Kontakt zu kommen. Ich gebe meinem Gegenüber stets Zeit, um auszureden und schenke ihm meine ungeteilte Aufmerksamkeit. Das sind viele Menschen heute in unserer schnelllebigen Gesellschaft gar nicht mehr gewohnt und freuen sich darüber, wenn es jemand tut. Das schafft eine positive Schwingung und ist vielleicht der Grund, warum ich auf diese Weise schnell Vertrauen bei anderen aufbaue. Die Menschen erzählen mir fast alles, weil sie sich von mir verstanden und beachtet fühlen.

Ich unterhalte mich gerne, auch mit völlig fremden Leuten und interessiere mich ehrlich für das, worüber sie reden. Dabei merke ich mir die wesentlichen Punkte und mache mir Gedanken darüber.
Wenn beispielsweise jemand von einer Schwester in Amerika erzählt oder davon berichtet, dass er auf einer Reise eine interessante Person kennengelernt hat, speichere ich diese Informationen ab. Manchmal entsteht daraufhin in mir eine Vision, wie man diese Gegebenheiten fürs Network-Marketing nutzen könnte. Viele solcher Umstände sind ideale Voraussetzungen, ein neues Business aufzubauen. Aus meiner Erfahrung weiß ich, dass der Start ins Network-Marketing vor allem dann einfach ist, wenn man viele Kontakte, also ein großes eigenes Netzwerk, hat. Denn wenn du viele Leute kennst, kannst du sofort beginnen, mit ihnen zu arbeiten.

Wir haben eine Mitarbeiterin im Team, die lange gebraucht hat, bis sie das erkannt hat. Wir haben ihr diese Zeit gelassen. Eines Tages kam das Interesse dann wie aus heiterem Himmel: Sie hatte ihre Familie in Norwegen besucht und dort von ihrer Arbeit bei uns in Österreich erzählt. Sie hat von dem Netzwerk, das wir aufgebaut haben, und dem Erfolg unseres Unternehmens berichtet. Ihre Schwester war daraufhin sofort Feuer und Flamme. Eines Abends, bei einem Glas Wein entstand bei den beiden die Idee, zusammen ein Network-Marketing-Unternehmen in Norwegen aufzubauen.

Für unsere Mitarbeiterin gab es also plötzlich ein Warum. Das hatte ihr bis dato gefehlt. Plötzlich ergab es für sie Sinn, sich zu engagieren und Energie in das Business zu stecken. Sie hatte auf einmal deutlich intensiveren Kontakt zu ihrer Schwester, die sie in Österreich häufig vermisst hatte. Beide haben sich dann voll reingehängt und waren schon nach ein paar Wochen erfolgreich unterwegs.

Wir sehen manchmal von außen die Verknüpfungspunkte zu potenziellen Partnern und führen neue Partner dann liebevoll in die richtige Richtung. Bei unserer Mitarbeiterin lief das fantastisch. Heute liebt sie ihr Business, es wächst täglich. Es gibt ihr die Möglichkeit und die finanziellen Mittel, ihre Schwester in Norwegen viel häufiger als früher zu besuchen. Dieses Beispiel zeigt, wie elementar es ist, dem Gegenüber Raum zu geben und einen anderen Menschen mit seiner einzigartigen Persönlichkeit wahrzunehmen, ohne ihm die Businessidee aufzudrücken.

Niemals würde ich einen Menschen, den ich gerade kennenlerne, schon im ersten Gespräch mit der Geschäftsidee des Network-Marketings überfallen oder ihm unbedingt meine Young-Living-Botschaft verkünden. Aber manchmal spricht jemand über ein Problem, seien es gesundheitliche Beeinträchtigungen, Sorgen um die Kinder oder was auch immer. Dann überlege ich, ob das ein Ansatzpunkt ist, um von meinen Erfahrungen mit einem unserer Öle oder Produkte zu erzählen, weil es schon einmal ein ähnliches Problem gelöst hat. Wenn ich es tue, dann stets vorsichtig und ohne mit der Tür ins Haus zu fallen. Das machen wir – Vijay und ich – nie.

Wir versprechen auch niemandem, die ultimative Lösung für dessen Problem zu haben. Wir erzählen höchstens, wie wir selbst ein ähnliches Problem gelöst haben. Wir denken nicht für unser Gegenüber mit, sondern geben ihm respektvoll den Raum, selbst auf die Idee zu kommen, dass unser Weg auch bei ihm funktionieren könnte.

Eigentlich kommt bei jedem irgendwann der Moment, in dem er sich für Network-Marketing interessiert, meist jedoch erst dann, wenn eine Vertrauensbasis vorhanden ist. Wenn wir jemanden länger kennen, sprechen wir immer mal wieder über Young Living und unsere Produkte. Wir verschenken auch gerne welche und erzählen von unseren positiven Erfahrungen. Wichtig ist es, einen Zusammenhang zu den Interessenten und zum Lösungsansatz herzustellen. Wir führen nie klassische Verkaufsgespräche, sondern vermitteln vor allem unsere Begeisterung und gehen auf Bedürfnisse ein.

Wir sind von unseren Produkten begeistert, von jedem einzelnen und benutzen sie alle. Das transportiert unsere Zufriedenheit nach außen. Wenn man Begeisterung vorlebt, sowohl für die Produkte als auch für das Business-Modell, beginnen sich die Menschen dafür zu interessieren und Fragen zu stellen. Wenn wir Unbekannten begegnen, haben unsere Gesprächsthemen zunächst rein gar nichts mit unserem Business zu tun. Wir versuchen nie, jemanden zu gewinnen. Das ist nicht unsere Art. Stattdessen sind die meisten, denen wir begegnen, vor allem von unserer Ausstrahlung als erfolgreiches, harmonisches Paar begeistert. Das weckt Interesse. Unser Konzept ist, vorleben statt überzeugen. Das bezieht sich auf unsere Begeisterung, unsere Einstellung und unseren Erfolg.

Eines unserer Erfolgsgeheimnisse ist, unsere Partner im Team dabei zu unterstützen, selbst erfolgreich zu werden. Wir sind seit vielen Jahren in diesem Business tätig und haben in dieser Zeit die Fähigkeit entwickelt, das Potenzial anderer Menschen zu erspüren, ihre individuellen Möglichkeiten zu sehen und jeden so zu begleiten, wie er es braucht.

All das hat den Aufbau unseres eigenen Netzwerks viel einfacher gemacht. Unsere Basis ist, dass wir Menschen lieben und jedem auf Augenhöhe begegnen. Jeder hat seine Talente, auch wenn er sie vielleicht noch gar nicht kennt. Wir merken oft, dass wir von außen manchmal viel mehr Potenzial in anderen entdecken, als sie selbst bei sich. Der Umgang mit so vielen Menschen hat uns über die Jahre geschult. Wir sind inzwischen in der Lage, individuelle Ratschläge zu geben, die unsere Partner gezielt weiterbringen.

Wir unterstützen in unserem Team, wo wir nur können. Das liegt uns sehr am Herzen. Dabei geht es uns in erster Linie darum, dass Partner, die schon Teil unseres Netzwerks sind, sich trauen, mit fremden Menschen über das Business zu reden.

Vijay hat dafür unsere Trainings und unser 90-TAGE-COACHING-PROGRAMM entwickelt. Er hat ein Training konzipiert, mit dem er unsere Partner in wertschätzender Gesprächsführung schult. Sie ist absichtslos, ohne den Wunsch, einen direkten Abschluss zu machen oder jemanden als Partner zu gewinnen. Am Anfang stehen der Mensch und erst danach das Business im Fokus. Vijay empfiehlt den Teilnehmern, Gespräche in Schritten zu üben: zunächst ein paar Unterhaltungen gänzlich ohne Absicht zu führen – ohne das Ziel, etwas zu erreichen. Wenn man lernt, diesen Druck aus einem Gespräch herauszunehmen, bleibt man auch authentisch. In der Regel kann er unseren Partnern die Hemmungen der ersten Begegnung nehmen, die sie daran hinderten, offen auf unbekannte Menschen zuzugehen. Die Angst, abgewiesen zu werden, ist unbewusst immer da. Die Art wie Vijay unsere Partner schult ist einzigartig. Nach so einem Training explodiert bei vielen das Business und sie können entspannt neue Kontakte knüpfen und spielerisch neue Partner gewinnen.

Die meisten Anfänger im Network-Marketing machen den Fehler, dass sie „gleich mit der Braut ins Bett wollen", wie Vijay es gerne nennt. Sie treffen jemanden und erzählen und erzählen, über die Produkte, über das Business, über die Chancen. Doch das verschreckt viele. Sein Rat ist, darüber nur zu erzählen, wenn man explizit danach gefragt wird, nicht vorher. Wenn jemand nicht fragt oder kein Interesse zeigt, muss man ihn lassen. Wenn man jemanden mit Informationen überschüttet, selbst wenn man noch so begeistert ist, schalten Menschen automatisch ab. Der Grund ist, dass sie sich in diesem Gespräch nicht gesehen fühlen. Ihnen wird ein Gespräch aufgedrückt, das sie nicht führen wollen. Dadurch verlieren sie das Interesse.

Wie kannst du nun sinnvoll ein Gespräch mit einem Unbekannten beginnen? Was könntest du sagen? Wie könntest du anfangen? Wann ist der richtige Zeitpunkt, um auf die Produkte zu sprechen zu kommen? Wann ist der richtige Zeitpunkt für einen Kaufabschluss? Wir haben in den letzten Jahren beobachtet, dass sich viele Networker, vor allem unerfahrene, aus Unsicherheit fast um Kopf und Kragen reden, ohne Pause, ohne Punkt und Komma. Das macht sie unecht und sie verlieren ihren natürlichen Charme und ihre Authentizität. Um das zu vermeiden, trainiert Vijay unsere Partner ganz intensiv und zeigt ihnen - vor allem, wenn sie unerfahren sind - wie einfach es ist, einen Menschen anzusprechen und ein Gespräch zu beginnen. Das Wichtigste ist, zunächst kein Verkaufsziel zu verfolgen. Vijay kann das auch hervorragend und er kann das ebenso hervorragend vermitteln.

Die Strategie, die er den Menschen an die Hand gibt, ist folgende:

1. eine zwischenmenschliche Verbindung herstellen
2. Vertrauen aufbauen und schließlich
3. Interesse zeigen

Man sollte den Fokus darauflegen, dem anderen zuzuhören, ohne ihn zu unterbrechen. Mehr braucht es nicht. Der Rest ergibt sich dann meist von allein. Kling einfach, ist es auch. Wer das schafft, ist in diesem Business gut aufgehoben. Vijay trainiert außerdem mit den Partnern, wie sie die Angst vorm Sprechen verlieren.

Seit vielen Jahren arbeiten wir so und haben heute ein Team von fast 60.000 Partnern, die wir unter anderem mit dieser Art der Gesprächsführung für unser Business begeistert und gewonnen haben. Wir sehen den Menschen und kommunizieren von Mensch zu Mensch. Das ist ein anderer Ansatz, als ihn die meisten im Network-Marketing verfolgen. Wir kennen zahlreiche Netzwerke, in denen man perfekte Texte für Verkaufsgespräche bekommt, die dann oft auswendig gelernt und runtergerattert werden. Mit dieser Strategie ist es verdammt schwer, Menschen mitzureißen, die eine Sehnsucht nach mehr haben und sich eigentlich nur die Erfüllung ihrer Bedürfnisse wünschen. Abgesehen vom Erfolg, lieben wir beide diese Gespräche und wir lernen auf der ganzen Welt unglaublich viele interessante Leute kennen. Es ist fantastisch, zu spüren, wie Menschen reagieren, wenn man ihnen aufmerksam zuhört und sie wichtig nimmt.

Ist es nicht so, dass wir in unserer schnelllebigen Zeit verlernt haben zuzuhören? Zuhören, ohne zu unterbrechen und ohne etwas Eigenes zur Unterhaltung beisteuern zu wollen? Doch jemandem nur zuzuhören, öffnet seine Seele, es passiert etwas in ihm oder ihr und dieser Mensch baut auf unbewusster Ebene Vertrauen auf.

Der andere fühlt sich als Mensch angenommen, so, wie er ist. Probiere es einmal aus, denn wenn du einen Gesprächspartner reden lässt, erfährst du alles von ihm, solange, bis er nichts mehr zu sagen hat. Wie viele wertvolle Informationen fließen dir auf diese Weise zu? Merke sie dir, speichere sie innerlich ab und greife im richtigen Moment darauf zu. Es ist tatsächlich so einfach, man muss es nur etwas üben. In jedem Gespräch ergeben sich dann automatisch Ansatzpunkte, um Interesse für die Produkte oder das Business zu wecken.

Das trainieren wir mit unseren Partnern im Coaching. Jemand erzählt dir von seinen Problemen, du wartest aber auf den richtigen Zeitpunkt, um ihm eine Lösung dafür anzubieten. Lass ihn erst ausreden, weitererzählen, auch wenn du von Anfang an eine Lösung vor Augen hast. Falle niemals mit der Tür ins Haus. Wenn der richtige Zeitpunkt da ist, und der andere dich erwartungsvoll anschaut, erzähle beispielsweise, wie du ein ähnliches Problem für dich gelöst hast. Dass diese Lösung auch sein Problem lösen könnte, wird deinem Gegenüber selbst einfallen. Wenn jemand diesen Punkt erreicht hat, ist Interesse da und darauf kannst du dann, Schritt für Schritt weiter aufbauen.

Unsere Strategien

Wer von Anfang an beim Aufbau seines Netzwerks ein paar grundlegende Strategien beachtet, tut sich nicht nur leichter sein Business aufzustellen, sondern programmiert schon früh

langfristigen, nachhaltigen Erfolg. In unserem Coaching und den Trainings zeigen wir unseren Partnern unterschiedliche Ansätze. Alle sehr hilfreich.
Wir stellen sie in diesem Kapitel vor. Nutze, was du brauchst und was zu dir passt. Für den einen passt eine Strategie perfekt, für den anderen eine andere. So unterschiedlich wie die Menschen sind, gehen sie auch an das Network-Business heran. Wer unglaublich viele Leute kennt, braucht einen anderen Ansatz als jemand, der kaum Kontakte hat und auch noch keinen Blick dafür hat, wer ein guter Kontakt sein könnte. Auch das kann man schulen. Bei solchen Menschen sensibilisieren wir zunächst das Bewusstsein und schulen die Kommunikationsstrategien. Dank unserer Erfahrung sehen wir das sofort und stellen auch gleich die richtigen Fragen. So kann Vijay im Training individuell darauf eingehen, was jeder Einzelne braucht und was ihn weiterbringt.

Wir haben für das Network-Marketing drei wichtige Gesetze herausgearbeitet:

1. Das Gesetz der Duplikation

Im Network-Marketing profitierst du vom Gesetz der Duplikation. Nehmen wir an, du begeisterst zehn Leute für dein Business und gewinnst sie als Partner. Du schulst sie oder schickst sie zu uns ins Training oder Coaching. Sie sind hochmotiviert. Jeder dieser neuen Partner spricht daraufhin mit seinen Freunden, Familienangehörigen und Bekannten. Angenommen, er begeistert ebenfalls zehn Menschen, vielleicht sogar mehr. Egal, wie viele es sind, hier kommt die Duplikation ins Spiel.

Sie ist das wichtigste Prinzip im Network-Marketing und gleichzeitig ganz einfach. Alles, was du tust, ist dir ausreichend Zeit zu nehmen, um deinen neuen Partnern das System und die ersten Schritte genau zu erklären. Informiere sie über die wichtigsten Basics und gib ihnen das Gefühl, dass sie danach wissen, was zu tun ist. Übe mit ihnen die Gesprächsführung oder das, wo sie unsicher sind. Sie werden anschließend genau das duplizieren, was du ihnen vorlebst. Das heißt, sie geben alles genauso an ihre Partner weiter. Führe und begleite sie so lange, bis du erste Erfolge siehst. Sobald sie in ihrer Gesprächsführung und im Onboarding eigener Partner auf sicheren Füßen stehen, kannst du loslassen, dich entspannen und das Gesetz der Duplikation wirken lassen. Auch wir mussten bei unserem großen Team nicht jeden einzelnen Partner coachen und Zeit in ihn investieren, um ihn erfolgreich zu machen. Mit jedem persönlich zu sprechen, würde jeglichen zeitlichen Rahmen sprengen. Deshalb ist die Duplikation für uns ein echter Erfolgsfaktor.

2. Das Gesetz der großen Zahl

Unser persönliches Erfolgsgeheimnis ist vor allem unsere Strategie, jeden, wirklich jeden Interessenten in unser Netzwerk aufzunehmen. Ganz egal, ob derjenige nur Produkte bestellen oder sich ein eigenes Netzwerk aufbauen will. Egal ist auch, welches Potenzial jemand mitbringt. Denn das kann man im ersten Moment nicht sehen. Darum heißen wir jeden herzlich willkommen.

Wir haben aufgehört, für andere Menschen zu denken und sie zu selektieren. Selbst erfolgreiche Business-Builder erkennen wir manchmal erst auf den zweiten Blick oder erst nachdem sie eine intensive Schulung durchlaufen haben. Darum sind wir zu dem Schluss gekommen, dass man als erfolgreicher Networker gar nicht beurteilen muss, ob es jemand schaffen könnte, ein erfolgreiches eigenes Team aufzubauen, oder eben nicht.

Gemäß einem alten Sprichwort die Spreu vom Weizen zu trennen, ist es überhaupt nicht nötig, denn wir profitieren auch von den vielen kleinen Umsätzen der Menschen in unserem Netzwerk, die „nur" Kunden sind. Wenn sie die Fähigkeiten dazu haben, ein Netzwerk aufzubauen, fördern wir sie später und begleiten sie dann zum Erfolg. Wir haben in unserem Business schon unglaubliche Überraschungen erlebt, sowohl in die eine als auch in die andere Richtung. Du wirst sicher auch manchmal nicht wissen, welches Potenzial in jemandem steckt. Vielleicht liegst du mit deiner Beurteilung richtig, vielleicht liegst du völlig daneben. Möglicherweise ist jemand, der nur redet und planlos durch die Gegend läuft, tatsächlich kein ehrgeiziger Unternehmer. Macht nichts. Lade ihn trotzdem zu deiner Präsentation ein.

Du weißt nie, wen dieser Mensch kennt und wen er ins Boot holen kann. Vielleicht wäre das derjenige, der dein Team erfolgreich macht? Vielleicht springt auch der planlose Kandidat nach ein, zwei Jahren Inaktivität wieder ab, dafür rutscht sein erfolgreicher Partner nach. Der zweite entscheidende Erfolgsfaktor im Network-Marketing ist, ein möglichst großes Netzwerk aufzubauen und möglichst viele Kontakte zu knüpfen. Je mehr Menschen du um dich scharst, desto mehr Potenzial ist dabei.

3. Das Gesetz der frühen Breite

Das Gesetz der frühen Breite ist der wichtigste strategische Grundsatz, den du beachten kannst. Die meisten Network-Marketing-Neulinge machen den Fehler, erst mal nur ein einziges Team in der Tiefe aufzubauen. Jeden, den sie als neuen Partner hinzugewinnen konnten, platzieren sie da hinein. Das ist prinzipiell nicht verkehrt, allerdings braucht es viel Zeit. Wenn du irgendwann gern ein zweites Team haben möchtest, musst du von vorn anfangen.

Es braucht allerdings mehrere Teams, um es in die Ränge Silver und Gold zu schaffen. Um höhere Ränge und schließlich die Toppositionen zu erreichen ist es sinnvoll, dem Gesetz der frühen Breite von Anfang an zu folgen. Das könnte so aussehen, dass du so früh wie möglich sieben Business-Builder für dein Team findest, die sich parallel zu einzelnen Organisationen entwickeln und zeitgleich ihre Teams aufbauen. Um eine frühe Breite zu erreichen, gibt es verschiedene Strategien:

Die ERSTE STRATEGIE basiert darauf, sieben Partner, das können auch Freunde sein, zu finden, die gleichzeitig mit dir ein Network-Marketing-Business aufbauen wollen. Diese sieben Freunde rangieren auf der ersten Ebene unter dir und jeder von ihnen baut sein Team auf, so dass zeitgleich sieben Teams entstehen. Du unterstützt sie durch deine regelmäßige Betreuung, zum Beispiel mittels Gruppen-Calls via Zoom oder Skype. Motiviere und begleite sie auf ihrem Weg. Dank der Umsätze deiner Partner wirst du es schnell auf ein Volumen von 35.000 Punkten schaffen und somit den Gold-Rang erreichen. Wenn du das geschafft hast, motiviert es wiederum deine Partner und sie werden auch versuchen, auf diesen Rang zu kommen. Unterstütze und motiviere sie auf diesem Weg. Denn wenn sie das schaffen, habt ihr alle Erfolg.

Die ZWEITE STRATEGIE funktioniert so, dass du unter deinen Freunden drei findest, die mit dir ein Network-Marketing-Business aufbauen wollen. Diese befinden sich – analog zur ersten Strategie – jeweils auf der ersten Ebene unter dir. Diese Strategie eignet sich vor allem für Menschen, die entweder eher introvertiert sind oder nicht so viele Kontakte haben. Drei Freunde zu finden, solltest du auf jeden Fall schaffen. Dann hilfst du ihnen, aktiv zu werden und ihre Teams aufzubauen. Jeden weiteren Kontakt, den du selbst hinzugewinnst, fügst du in eins dieser drei Teams ein. Das machst du so lange, bis deine Partner den Executive-, Silver- oder Gold-Rang erreichen.

Das Einkommen beginnt zu steigen, was jeden motiviert. Das heißt, gerade wenn du nicht viele Menschen kennst, ist es umso wichtiger, schnell das Einkommen zu steigern. Das schaffst du, indem du den Executive-Rang erreichst. Wenn du dagegen als Anfänger alle neuen Kontakte nur in einem Team aufnimmst, dauert es ewig, bis sich dieses so weit entwickelt hat, dass du es zum Executive-Rang schaffst.

Sobald diese ersten drei Freunde erfolgreich sind und selbstständig weitermachen können, suchst du dann nach den nächsten drei Freunden und wiederholst das Ganze. Nun hast du sechs komplette Teams. Erst danach baust du den siebten

Leader auf. Denn im Grunde genommen brauchst du nur sechs Teams. Das siebte ist so etwas wie eine Versicherung für den Fall, dass dir in einem Team ein Leader wegbricht oder mit Network-Marketing aufhört. Dann ist es gut, ausweichen zu können, um deinen hohen Rang nicht auf's Spiel zu setzen.

Die DRITTE STRATEGIE eignet sich auch für Menschen, die wenige Kontakte haben, sehr introvertiert sind und sich schwertun, jemanden für ihr Business zu begeistern und als Partner zu gewinnen. Wenn das auf dich zutrifft, solltest du zuerst einmal zwei Teams komplett aufbauen. Wenn du das geschafft hast, bist du bereits im Executive-Rang. Ähnlich wie bei der zweiten Strategie gehst du nun schrittweise vor, suchst dir die nächsten beiden Business-Builder und baust sie auf, bis sie selbständig agieren können. Versuche, mit den Umsätzen dieser Teams, den Silver- oder Gold-Rang zu erreichen. Man kann es mit dieser Vorgehensweise bis zum Platin-Rang schaffen. Danach startest du, Team Nummer fünf und sechs aufzubauen und erst dann das siebte Team. Diese Strategie braucht viel Zeit, um den höchsten Rang zu erreichen, aber sie kommt introvertierten Menschen entgegen.

Betreuung und Unterstützung deiner Partner machst du bei allen drei Strategien auf die gleiche Art und Weise. Du bist der Sponsor, der betreut, der Motivator, der die Partner aufbaut, und derjenige, der immer ein offenes Ohr für die Probleme seiner Partner hat.

Bei der Neugewinnung von Partnern, gibt es einige Punkte zu beachten. Es gibt Teammitglieder, die als ENROLLER, und andere, die als SPONSOR eingestuft werden.

Ein Enroller begeistert Menschen für das Unternehmen und fügt Partner in ein Team ein. Er ist somit ein Entdecker, wofür ihm eine Erfolgsprovision gezahlt wird. Wenn du für einen neuen Partner ein Konto anlegst, ist es deshalb wichtig, dass du im Feld „Enroller-ID" unbedingt deine Partnernummer einträgst. Dann weiß Young Living, dass du ihn ins Business gebracht hast. Ein Sponsor hingegen ist derjenige, der dich direkt betreut. Er ist eine Ebene über dir eingetragen. Wenn du also zu Beginn deines Business ein Team völlig neu anlegst, indem du einen ersten neuen Partner, den wir Leader nennen, einträgst, bist du gleichzeitig Enroller und Sponsor. Du trägst ihn auf der Ebene direkt unter dir ein und betreust ihn zugleich als Sponsor. Darum trägst du deine Partnernummer in diesem Falle sowohl bei „Sponsor-ID" als auch bei „Enroller-ID" ein.

Sobald du neue Teammitglieder für deine Teams gefunden hast, kannst du sie entweder auf der Ebene direkt unter dir oder in ihren Teams eintragen. Wir schauen immer, wer zusammenpasst. Welche Teammitglieder haben ähnliche Interessen und wer könnte sich gut mit wem verstehen? Das ist wichtig, denn es soll schließlich ein vertrauensvolles Miteinander aufgebaut werden. Wenn du weißt, dass jemand nur Produkte bestellen möchte und (zunächst) scheinbar kein Interesse an einem eigenen Netzwerk hat, trägst du diese Person auf der Ebene direkt unter dir ein. Du bist ihr Sponsor. Wenn Partner, die direkt in der Ebene unter dir stehen, Produkte kaufen, bekommst du acht Prozent vom Umsatz. Bei Einkäufen der Partner auf der zweiten Ebene unter dir bekommst du fünf Prozent und bei Partnern auf der dritten, vierten und fünften Ebene bekommst du immerhin noch je vier Prozent, wenn sie etwas kaufen. Du hast auch die Möglichkeit, die erste Linie zu verbreitern. Du kannst zehn, zwanzig, dreißig Leute direkt unter dir einschreiben. Das bringt dir entsprechend mehr Provision. Und vielleicht entscheidet sich das ein oder andere Teammitglied später noch dafür, doch eine eigene Organisation aufzubauen. Wir haben viele Partner, die zunächst zwei, drei Jahre lang nur Produkte gekauft haben, bis sie die Chance für sich erkannt haben.

Es gibt noch eine VIERTE STRATEGIE. Dabei trägst du nie mehr als sechs Partner in einem Team ein.

EIN BEISPIEL In deinem Team sind Anita, Barbara, Charlie, Dorothea, Elin und Franz, nennen wir sie A, B, C, D, E, F. Partner A ist schon eingetragen, jedoch ist er ausschließlich Käufer, B und C kommen dazu, wollen auch nur Produkte kaufen. D ist heiß darauf, sein eigenes Business zu starten, während du bei E und F noch nicht richtig einschätzen kannst, ob sie lediglich Kunden sind oder auch ein Business starten wollen. Du hast nun all diese Personen auf der Ebene unter dir angelegt – und dich dabei jeweils als Sponsor und als Enroller eingetragen – und hast somit sechs Teams. In Wirklichkeit aber ist es nur ein Team, denn nur Dorothea will sich aktiv eine eigene Netzwerkorganisation aufbauen. Du brauchst jedoch sechs Business-Builder, um sechs starke Teams zu etablieren. Wenn du nun neue Partner findest, trägst du – der Enroller - sie unter A, B, C, D, E oder F ein.

Auf diese Weise sorgst du selbst dafür, dass die Teams (dieser sechs Personen) wachsen. Diese Strategie ist in den USA weitverbreitet, weil die Networker dort viel mit Social Media arbeiten und auf Masse setzen. Über die sozialen Medien gewinnen sie unendlich viele Kontakte hinzu und tragen diese alle untereinander ein., so dass die einzelnen Teams wachsen. Oft bekommt dadurch derjenige, der in einem Team auf der obersten Ebene steht, obwohl er noch gar nichts für das Business getan hat, trotzdem immer mehr Provision. Dadurch fängt er Feuer und beginnt manchmal, doch selbst aktiv zu werden.

Dein Netzwerk mithilfe einer dieser Strategien aufzubauen und dabei das Gesetz der frühen Breite anzuwenden, kann dir viel Zeit und Energie sparen. Nach und nach lernst du, neue Leute strategisch auf die Teams zu verteilen und dadurch schwache Gruppen zu stärken.

Zu einem strategischen Netzwerkaufbau gehören aber noch ein paar weitere Basics: Es ist zum Beispiel wichtig, dass neue Geschäftspartner SO SCHNELL WIE MÖGLICH IHR ERSTES GELD VERDIENEN, auch wenn es nur ein paar Euro sind. Denn das gibt ihnen sofort das Gefühl, dass das Geschäftsmodell für sie funktioniert. Und wenn du Partner gewinnst, die Business-Builder werden wollen, dann fang sofort an, sie entsprechend zu fördern. Starte unseren 90Tage-Plan mit ihnen und betreue sie regelmäßig einmal wöchentlich via Telefon oder besser via Video-Call. Baue in jedes Gespräch ein paar Trainingsinhalte ein und unterrichte sie gemäß der Maxime „Train-the-Trainer". Sei immer verfügbar, wenn sie Fragen haben. Gib einfach alles. Denn dann hast du – konform zum Gesetz der frühen Breite – innerhalb von maximal zwei Jahren deine sieben Business-Builder gefunden. Achte darauf, dass du deinen neuen Partner sofort nach dem Einschreiben hilfst, selbst mindestens zwei neue Partner zu finden, damit sie einen ersten Erfolg spüren und sehen, dass das System funktioniert.

Unsere Erfolgsrezepte

Niemand kann wissen, welches Potenzial in einem Menschen steckt.
Da selbst wir das - auch nach all den Jahren - nicht auf den ersten Blick einschätzen können, nehmen wir jeden Interessenten in unser Netzwerk auf. Es sei denn, er ist uns unsympathisch. Doch die meisten Menschen, die sich für ätherische Öle und ökologische Produkte interessieren und auf Young Living gestoßen sind, weil sie damit arbeiten möchten, passen zu uns. Um sie entsprechend aufzubauen, haben wir Tipps, die wir mit dir teilen möchten.

1. Zeit in neue Partner investieren

VIJAY ERZÄHLT Neue Partner ins Network-Marketing einzuführen, bedarf vor allem eines: Zeit. Damit du deine Zeit möglichst effizient für die Führung und Förderung deiner Partner einsetzen kannst, lernst du in unserem Training, Interessenten zu selektieren und MENSCHENTYPEN zu erkennen. Ich zeige dir in den Schulungen, mit welchen Menschen du auf welche Art und Weise am besten arbeiten kannst, um gute Ergebnisse zu erzielen, und in welchen Personentyp es sich lohnt, mehr Zeit zu investieren.

Du lernst, mit deiner Energie beim Umgang mit Menschen sinnvoll zu haushalten. Um Interessenten einzuordnen, arbeite ich gern mit einer Typologie, bei der ich Menschen in vier Kategorien einteile: Seesterne, kleine und große Fische und nicht zuletzt Quallen, die gefährlich sind, weil sie Schmerzen verursachen können.

Die SEESTERNE sind wie Strohfeuer, sie versprechen dir alles, wollen etwas erreichen, haben große Pläne, aber sie ziehen nichts durch. Solche Menschen werden selten erfolgreich, denn sie tun zu wenig dafür, nach oben zu kommen. SEESTERNE SIND ZEITRÄUBER, also investiere nicht zu viel Energie in sie.

Die KLEINEN FISCHE kommen in der Regel zuerst als Kunden ins Netzwerk und sind produktverliebt, ähnlich wie Ulli und ich zu Beginn. Sie sind so begeistert, dass sie viel einkaufen, erklären aber von Anfang an, dass sie nicht am großen Network-Marketing-Erfolg interessiert sind. Manche dieser kleinen Fische bleiben ihr Leben lang Kunden, bringen aber immer wieder Umsatz. Ab und zu werden aus solchen kleinen Fischen allerdings sehr erfolgreiche große Fische, wenn sie von sich aus beginnen, eine eigene Netzwerkorganisation aufzubauen.

QUALLEN sind Menschen, die dir deinen Erfolg nicht gönnen und alles tun, um dir zu schaden. Sie sprechen beispielsweise gegenüber deinen Freunden schlecht über Network-Marketing und erzählen, es sei ein Pyramidensystem und du wolltest dich nur an ihnen bereichern. Von der Realität unseres Business haben sie jedoch keine Ahnung. Sie verbreiten Lügen, ohne überhaupt zu wissen, wovon sie reden. Pass daher gut auf. Und wenn du eine Qualle erkennst, lass die Finger von ihr, ehe sie dir schaden kann. In unserem Train-the-Trainer-Schulungsprogramm, das wir regelmäßig als zweitägige Veranstaltung in Österreich, Deutschland und der Schweiz anbieten, lernen unsere Partner alles über diese Typologisierung und an welchen Persönlichkeits-Merkmalen sie die einzelnen Menschentypen erkennen können. Denn es ist wichtig einzuschätzen und zu lernen, wie viel Zeit und Aufmerksamkeit du in wen investieren solltest.

2. Menschen begeistern

Unser Prinzip, um neue Partner für unser Business zu gewinnen, ist eigentlich recht einfach: Ulli und ich halten bei jeder Gelegenheit Präsentationen für neue, potenzielle Partner. Das machen wir auf den unterschiedlichsten Ebenen: im persönlichen Gespräch, über Social Media, bei Gruppenevents, bei Vorträgen, bei Treffen mit Freunden und bei diversen Veranstaltungen. Egal wo, Hauptsache, so oft wie möglich, um dem Gesetz der großen Zahl nachzukommen. Unsere Präsentationen sind wie ein großes Fischernetz, mit dem wir möglichst viele Interessenten „einfangen" wollen. Denn je größer die Auswahl, desto besser die Möglichkeiten, zu selektieren und Typen zu erkennen: Wer ist eine Qualle, wer ist ein Seestern?

Diese Menschen lassen wir wieder allein schwimmen und kümmern uns gar nicht oder nur relativ wenig um sie. Wichtig sind uns die Fische: Wer ist ein kleiner Fisch? Denjenigen tragen wir in unserem Team ein und zeigen ihm die Produkte. Auch in kleine Fische investieren wir viel Zeit. Noch mehr lieben wir es aber natürlich, wenn wir einen großen Fisch in unserem Präsentations-Fischernetz vorgefunden haben. Wenn wir diesen früh erkennen, was wie gesagt manchmal schwierig ist, tragen wir ihn an ganz bestimmten, strategisch wertvollen, Stellen innerhalb unseres Teams ein. Wir stellen ihm die Produkte vor und eröffnen ihm alle Möglichkeiten für ein erfolgreich funktionierendes Netzwerk, das er sich aufbauen kann.

3. Veranstaltungen organisieren

ULLI ERZÄHLT Veranstaltungen sind die effektivste Methode, um neue Menschen kennenzulernen. Dabei ist es egal, ob du eine Veranstaltung besuchst oder selbst eine organisierst. Weil es in unserer Anfangszeit hier in Europa nur wenige Veranstaltungen und kaum Support für unsere Partner gab, haben wir begonnen, selbst Events zu organisieren. Wenn man viele Leute kennenlernen will, um sein Network-Marketing-Business voranzubringen, ist das Gesetz der Duplikation entscheidend. Dafür braucht es Veranstaltungen, ohne geht es nicht.

Viele unserer Partner beschreiten den gleichen Weg wie wir und folgen dem Gesetz der Duplikation. Es dupliziert sowohl uns als auch unsere Aufbauarbeit. Das ist gut so, denn mit jeder neuen Initiative wird dieses wichtige Gesetz noch wirkungsvoller umgesetzt.

Als wir anfingen, haben wir viele Events selbst durchgeführt.

Das machen wir heute nur noch für diejenigen, die besondere Unterstützung benötigen. Wenn auch du aktiv werden möchtest, kannst du beispielsweise in deiner Stadt ein regelmäßig stattfindendes Treffen für deine Partner veranstalten, zu dem wiederum Netzwerkpartner Interessenten mitbringen können. Veranstaltungen sind eine gute Plattform für Gespräche um Partner an Bord zu holen.

Wir bieten unseren Partnern das Train-the-Trainer-Programm an – unser zweitägiges Training, das früher in Präsenz und seit Corona online stattfindet. Dabei bringt Vijay neuen Partnern die Basics bei und erreicht zudem einen hohen Motivationslevel. Außerdem führen wir ein hochkarätiges Leadership-Training namens „Into the Future" durch, das eines unserer besten Trainings überhaupt ist.

Es hat sich seit Jahren unsere Großveranstaltung, der „Winter Blues" etabliert, andem Hunderte von Partnern teilnehmen. Es ist immer ein großartiges Event, um sich zu treffen, Kontakte zu knüpfen, zusammen zu feiern und um wirklich guten Input zu bekommen.

Hochgradig inspirierend. Wir laden außerdem meist internationale Top-Speaker zu dieser Veranstaltung ein. Unser Ziel ist es, den Teilnehmern einen unvergesslichen Tag zu schenken. Alle diese Events sind Motivationsveranstaltungen, bei denen man in den Spirit des Unternehmens eintauchen und wunderbar Netzwerken kann. Dabei entsteht immer ein großartiges Zusammengehörigkeitsgefühl. Seit aufgrund der Corona-Pandemie alle Veranstaltungen untersagt sind, bieten wir regelmäßige Online-Coachings an, an denen mehrere hundert Menschen teilnehmen, die Alle Neues lernen, sich austauschen oder motiviert werden wollen.

Kleinere, regionale Veranstaltungen führen unsere Partner selbstständig durch. Es gibt zahlreiche solcher Partnerveranstaltungen überall im deutschsprachigen Raum. Begonnen haben wir damit vor vielen Jahren mit der Young Living Präsentation der AROMA LOUNGE.

Wir sind sehr stolz und dankbar, dass wir bei einem so renommierten Unternehmen wie Young Living die Chance bekommen haben, uns ein Business aufzubauen. Denn Young Living unterscheidet sich stark von anderen Network-Marketing-Unternehmen.

Wir sind selbstständige Partner und können, solange wir uns an die AGBs des Unternehmens halten, unser Business vollkommen eigenständig gestalten. Auch Young Living organisiert einige große Firmenevents, wie zum Beispiel die GRAND CONVENTIONS. Wir achten darauf, dass viele unserer Partner daran teilnehmen. Es gibt eine Convention in den USA, eine in Europa und mittlerweile auch viele in anderen Ländern.

Wir sind immer dabei und nutzen diese Gelegenheiten, um mit unseren Leadern, unseren Business-Buildern und unserem Team im persönlichen Kontakt zu bleiben. Wir bewerben diese Conventions regelmäßig, zum Beispiel in unserer eigenen Facebook-Gruppe und nutzen sie als Incentive-Maßnahme, um die Zusammengehörigkeit, die unglaublich wertvoll in einem Netzwerk ist, in unserem Team zu fördern.

Weitere Vorteile bei Young Living für alle internationalen Partner sind die Reisen zu den Farmen des Unternehmens. Dort trifft man sich, informiert sich über den Anbau der Rohstoffe für die ätherischen Öle und sieht, wie naturverbunden und ökologisch das Unternehmen arbeitet. Alle Teilnehmer können ihre Kinder mitbringen, was oft für einzigartige Erlebnisse sorgt. Diese Reisen motivieren unserer Meinung nach noch mehr als große Events, auf denen wir miteinander feiern. Es gibt sogar eine Kinderfarm, denn Young Living ist ein sehr Familien- und Kinderfreundliches Unternehmen.

Veranstaltungen zu organisieren und zu besuchen, ist für ein Network-Marketing-Team überaus wichtig, denn die Events bieten außergewöhnliche Kommunikationsmöglichkeiten.

Wenn man Veranstaltungen ausrichten möchte, muss man die Initiative selbst ergreifen. Seitens Young Living gibt es dahingehend wenige Vorgaben. Doch wenn du einmal erkannt hast, wie einfach es ist, auf Veranstaltungen in Kontakt mit neuen Menschen zu kommen, wirst du diese Möglichkeit auch für dein Business nutzen wollen. Deinen Ideen sind dabei (fast) keine Grenzen gesetzt – Veranstaltungen aller Art sind willkommen. Sie zu organisieren, egal ob in kleinerem oder größerem Rahmen, ist einfacher als du vielleicht denkst.

Unser Anspruch an Veranstaltungen war von Anfang an, einen bestimmten Lifestyle zu transportieren. Wir wollten immer, dass sich jeder Besucher – unsere Teammitglieder, aber auch ihre Gäste – rundherum wohlfühlt. Diesen Wohlfühlfaktor bei einer Veranstaltung zu kreieren, ist nicht so einfach. Manchmal kreieren wir ein Motto und stimmen alles darauf ab: sämtliche Accessoires, die Dekoration, die Goodies. Wir verschenken generell sehr viel bei unseren Veranstaltungen. Alle sollen etwas mit nach Hause nehmen und sich noch lange an den Event erinnern können. Wir buchen obendrein stets einen Fotografen und stellen allen Besuchern die Fotos als Erinnerung an einen ganz besonderen Tag oder Abend zur Verfügung.

Unsere Organisation ist bis ins letzte Detail perfekt geplant – das ist unser Anspruch. Es darf nichts schiefgehen, deshalb wird nichts dem Zufall überlassen. Denn ein perfekter Ablauf ist ein Zeichen von Professionalität. Dazu stellen wir uns viele Fragen, wie zum Beispiel: Wie werden die Teilnehmer informiert? Wie kommen sie hin?

Wie werden sie empfangen? Was ist unsere Botschaft? Welche Sprecher buchen wir? Wie ist der Zeitplan und wie soll alles ablaufen? Ankunft, Namensschilder, Programm, Pausen, Essen, alles wird genau geplant, denn nichts ist schlimmer als eine chaotische Veranstaltung.

Im Programm haben wir hochkarätige Sprecher als Highlight. Viele unserer Events bleiben in den Köpfen unserer Teammitglieder lange präsent. Sie sind eine wunderbare Art der Motivation. Dass sich alle wohlfühlen, wie in einer großen Familie, steht für uns an erster Stelle. Wir verdienen nichts an den Veranstaltungen und die Einnahmen aus dem Ticketverkauf decken ausschließlich die Grundkosten. Wir möchten, dass sich jeder den Besuch unserer Events leisten kann und versuchen, dass aus unseren Teams so viele wie möglich kommen. Jeder Besucher wird inspiriert, motiviert und bekommt ein Zusammengehörigkeitsgefühl, was wiederum unserem Business zugutekommt. Wir leben im Network-Marketing von der Begeisterung und der daraus resultierenden Duplikation im Nachgang.

4. Das richtige Mindset

VIJAY ERZÄHLT Ulli und ich hatten nie ein Arbeitnehmer-Mindset. Auch wenn ich ein paar Jahre erfolgreich für ein großes Unternehmen gearbeitet habe, war ich nie besonders glücklich meine Zeit für einen Arbeitgeber zu investieren. Als ich meinen Job verlor, fasste ich den Entschluss, nur noch eigenverantwortlich für mich selbst zu arbeiten und mir ein eigenes Business aufzubauen. Wie schon beschrieben, fiel dieser Entschluss genau in die Zeit, als ich Ulli kennenlernte.

Ihr kam das entgegen, denn sie war immer schon geschäftstüchtig, dachte wie eine Unternehmerin und hatte die starke Vision, etwas großes Eigenes erschaffen zu wollen. Ihre Suche nach dem richtigen Hebel und mein Start in die Selbständigkeit trafen dann zufällig zusammen. Das war 2001.

Genau in dieser Phase lernten wir die ätherischen Öle von Young Living kennen und lieben.

Wir erleben fast jeden Tag, wie wichtig und gleichzeitig wie schwierig es für manche Menschen ist, aus dem Angestelltendenken heraus-, in ein unternehmerisches Denken hineinzufinden. Wenn man das nicht kann, ist Network-Marketing definitiv nicht das richtige Business, auch wenn man es nur nebenbei machen möchte. Worin liegt denn der Unterschied zwischen Angestellten und Unternehmer? Ein überzeugter Unternehmer handelt, um das Unternehmen aufzubauen und wachsen zu lassen.

Das macht ihm Spaß, das ist seine Vision. Geld zu verdienen ist natürlich wichtig, steht aber manchmal erst an zweiter Stelle. Er wird nicht durch einen Arbeitsvertrag gezwungen, ein bestimmtes Pensum zu leisten. Unternehmer zu sein, bedeutet, eigenverantwortlich im Sinne der Ziele des Unternehmens zu denken und zu handeln. Ist es dein Unternehmen, sagt dir niemand, was du zu tun hast – außer du selbst. Tust du es nicht, wird der Erfolg deines Business auf sich warten lassen. Ulli und ich sind seit vielen Jahren begeistert von Young Living und haben als unabhängige Brandpartner eine Netzwerkorganisation von Null aufgebaut. Für uns ist vieles keine Arbeit im klassischen Sinne. Fast gar nichts von dem, was wir tun, fühlt sich so an. Wir sind mit so vielen Menschen zusammen, lernen ständig neue kennen und sind viel auf Reisen. Das lieben wir einfach.

Ein Arbeitnehmer dagegen arbeitet, um Geld zu verdienen. Er tauscht seine Zeit und sein Können gegen Gehalt oder Lohn. Er ist in der Situation, dass er den Erwartungen seines Arbeitgebers entsprechen und den Vertrag erfüllen muss, auch wenn ihm manches nicht gefällt. Je nachdem, wieviel Entscheidungsbefugnis er hat oder nicht, kann er sich seinen Aufgabenbereich gestalten. Er bewegt sich aber immer in einem bestimmten Rahmen. Nicht selten blockiert das die Kreativität; auf jeden Fall die Selbstbestimmung.

Ein Unternehmer braucht keine Anleitung, keinen Rahmen für das, was er tut. Er setzt sich ein Ziel, macht sich einen Plan und legt los. Wenn etwas neu ist, muss er herausfinden, wie etwas funktioniert. Natürlich macht er dabei Fehler, doch kein Chef mahnt ihn ab. Er lernt stattdessen aus den Fehlern, kann sich verbessern und sein Unternehmen voranbringen. Gute Unternehmer handeln zuerst – und bessern dann nach, entwickeln weiter oder verfeinern ihre Arbeitsweise. Für einen Unternehmer gibt es keine Grenzen, außer seine eigenen.

Darum raten wir neuen Partnern und Interessenten fürs Network-Marketing: Lass dich auf das Business mit Menschen ein. Es ist ein großes Abenteuer. Im Network-Marketing geht es nur um Menschen, ihre Motivation und Begeisterung. Entwickle deshalb deine unternehmerische Einstellung und lass dich auf eines der besten Geschäftsmodelle ein die es gibt. Du kannst ohne jegliche Investition beginnen. Du kannst es nebenbei oder in Vollzeit machen.

Du kannst erfolgreich ein großes Business aufbauen und finanzielle Unabhängigkeit erreichen oder dir ein attraktives Nebeneinkommen schaffen. Alles liegt in deiner Hand. Es ist nicht schwer. Du brauchst weder eine bestimmte Ausbildung, noch einen Universitätsabschluss oder besondere Diplome. Voraussetzung ist deine Eigenverantwortung, die du übernimmst, um dein Leben und dein Business zu entwickeln.

5. Eigenverantwortung übernehmen

Es klingt banal, doch Eigenverantwortung ist der wichtigste Schlüssel zum Erfolg. Es geht darum, für alles was du tust, die Verantwortung zu übernehmen und in deinem Business nichts dem Zufall zu überlassen. Wir haben das von Anfang an verstanden; es gab in all den Jahren keine einzige Situation, in der wir diesem Grundsatz untreu geworden sind. Das ist unsere Leitlinie und das Fundament, das unser Business trägt. Du hast folglich auch alles selbst in der Hand, beispielsweise, wie aktiv deine Partner die Produkte benutzen, wie regelmäßig sie bestellen, wie strukturiert du dein Unternehmen führst, ob und wie du neue Partner gewinnst – einfach alles.

Wir wissen, dass wir mit unserer Begeisterung für die Produkte von Young Living ein großes Vorbild für andere Menschen sind. Begeisterung steckt an. Wir benutzen sie täglich und erzählen Menschen nur von unseren positiven Erfahrungen und von denen unserer erfolgreichen Partner. Schon springt der Funke über.
Das kannst du auch. Lass bei jeder Gelegenheit, die sich dir bietet, sanft einfließen, wie sehr dein Leben durch die Öle mit ihren natürlichen Wirkstoffen und die anderen Produkte positiv beeinflusst wird. Wenn du das dezent und regelmäßig machst, wirst du mit Sicherheit dein Umfeld neugierig machen und überzeugen, sie mal auszuprobieren. Sei sicher: Das wird das Leben vieler Teammitglieder positiv verändern.

KAPITEL 3 – UNSER **POWER**-PRINZIP

Wir werden häufig gefragt, wie wir es geschafft haben, so erfolgreich zu werden und wie wir viele Menschen so begeistert haben, so dass sie Teil unserer Organisation wurden. Egal ob als Kunde oder Business-Builder/Brand Partner. Unsere Antwort auf diese Frage lautet: mit dem POWER-Prinzip. Dieses Prinzip ist unser Leitfaden, den wir im Laufe der Jahre entwickelt haben. Es gilt für alles, in das wir Zeit und Energie stecken und zeigt Fähigkeiten und Kompetenzen, mit denen wir Höchstleistungen bringen können.

Es hat eine Weile gedauert, bis unser Prinzip stand und ja, wir haben Höhen und Tiefen erlebt und auch Lehrgeld bezahlt. Wir haben jede Menge Fehler gemacht. Es gab nicht wenige Momente, in denen wir aufgeben wollten, doch wir haben uns nicht aufhalten lassen und uns gemeinsam weiterentwickelt. Was das POWER-Prinzip ist, verraten wir in diesem Buch. Wenn du willst, nimm' es als eine Art Anleitung für dich. Unsere wertvollsten Erfahrungen möchten wir nun mit dir teilen.

Unser POWER-Prinzip beinhaltet alles, was man braucht, um im Network-Marketing erfolgreich zu werden. Es besteht aus fünf Schritten, die zum einen bei der eigenen Entwicklung und zum anderen beim Aufbau deines Unternehmens helfen. Wenn du dieses Prinzip anwendest und die Schritte dahinter verinnerlichst, wirst du Erfolg haben. Garantiert. Das POWER-Prinzip steht auf einem Fundament aus größtmöglicher Wertschätzung und Anerkennung, wie wir sie grundsätzlich allen Menschen entgegenbringen: allen Partnern, allen Teammitgliedern, aber ebenso unseren Kindern und unserer Familie gegenüber. Das POWER-Prinzip hat seinen Namen nicht nur vom englischen Wort für Kraft, Stärke und Macht, sondern setzt sich überdies aus den Anfangsbuchstaben der fünf Schritte, die es beinhaltet, zusammen.

DAS P STEHT FÜR PRÄSENZ. Die hat im Network-Marketing eine unglaublich große Bedeutung. In diesem Schritt zeigen wir dir, was Präsenz für uns bedeutet, sowohl als Paar als auch als Unternehmer. Präsenz ist das Herzstück des Network-Marketings, die Arbeit mit Menschen. Präsenz ist die Fähigkeit, achtsam im Moment zu sein, Chancen für Gespräche zu erkennen und Menschen in deinen Bann zu ziehen. Wir erklären dir, wie wir das machen und sind uns sicher, dass du ganz viel daraus lernen kannst.

DAS O STEHT FÜR ORGANISATION. Organisation hat in unserem Business viel mit Offenheit zu tun. Network-Marketing hat keine starren Strukturen wie andere Unternehmensmodelle, sondern die Flexibilität, die dieses Business bietet, macht gleichzeitig seinen Reiz aus. Sie ermöglicht es Menschen, sich auch ohne umfangreiche Investitionen eine Selbstständigkeit und – sogar im Nebenjob – ein ansehnliches passives Einkommen aufzubauen. Wir als Paar - und das möchten wir allen Paaren mit auf den Weg geben - haben unsere ganz eigene Form der Offenheit gefunden. Wir sind heute in der Lage, unsere Organisation flexibel anzupassen, wenn es notwendig ist. Die Organisation von Unternehmensstrukturen ist wichtig, aber sie muss kontinuierlich an Menschen und Situationen angepasst werden können. Egal, ob du mit einem Partner zusammen oder allein dein Business aufbaust, es ist essenziell, dass du dich intensiv mit der Organisation von Abläufen und Prozessen befasst.

DAS W STEHT FÜR WEITBLICK UND WISSEN. Nach vorne zu schauen und zu erkennen, was morgen wichtig ist, ist eine elementare Voraussetzung, um erfolgreich zu werden. Wir haben gelernt, sowohl als Paar als auch als Unternehmer, vorauszuplanen und sofort zu reagieren, wenn das Business oder die Situation unser Handeln erfordert. Wir reagieren zum Beispiel in letzter Zeit auf die Digitalisierung und die damit verbundenen Veränderungen in der Kommunikation. Wir nehmen die neuen Herausforderungen des Online-Marketings an und beginnen, mithilfe modernster Technologien und hochkarätiger Experten, Prozesse zu automatisieren.

Der Weitblick als Paar und als Familie ist uns ebenso wichtig. Wir haben schon früh die traditionellen Rollen von Mann und Frau infrage gestellt und uns über klassische Vorstellungen hinweggesetzt. Wir bewegen uns heute jenseits der gesellschaftlichen Norm und sind glücklich damit. Damit sind wir auch Vorbild für andere Paare, die ebenfalls zu zweit zusammen in diesem Business erfolgreich werden wollen.

DAS E STEHT FÜR ENTHUSIASMUS UND ERFOLG.
Dieser Schritt ließe sich vereinfacht so beschreiben:

„Hast du das Eine geschafft, erreichst du auch das Andere".

Doch es gehört sehr viel mehr dazu. Wer enthusiastisch das macht, was er liebt, zieht andere Menschen magnetisch an, begeistert sie und setzt etwas in ihnen in Bewegung. Das ist eine alte Weisheit.
Sie stammt nicht von uns, aber wir leben danach, weil wir auch vom allerersten Moment an begeistert von unserem Business waren.

Wir hatten uns damals spontan in die Öle von Young Living verliebt. Diese Produktverliebtheit hätte uns fast Kopf und Kragen gekostet, denn wir hatten den grandiosen Network-Marketing-Gedanken mit seiner Duplikation aus den Augen verloren und unsere Prioritäten anders gesetzt. Letztlich haben wir doch die Kurve gekriegt und unser Business auf starke Beine gestellt, sodass sich der ganz große Erfolg einstellen konnte.

DAS R STEHT FÜR REICHTUM. Für einen Reichtum, der auf verschiedenen Ebenen möglich ist: emotional, persönlich, monetär, unternehmerisch. Reichtum hat für uns jedoch nicht allein mit Geld, Umsatz oder dem Wachstum in unserem Team zu tun. Der wichtigste Reichtum spiegelt sich vor allem darin wider, dass wir zusammen ein unschlagbares Erfolgspaar geworden sind, das sich auf allen Ebenen gefunden hat. Mit der Zeit ist unsere Beziehung immer stärker geworden.

Schon das allein macht uns zu wahrhaft reichen Menschen. Wir sind unzertrennlich und arbeiten 24 Stunden am Tag, sieben Tage die Woche miteinander – am Erfolg unseres Unternehmens und an unserem persönlichen Wachstum. Wir sind inzwischen an dem Punkt angelangt, an dem Arbeit für uns keine Belastung mehr ist, sondern pure Freude. Das ist der Weg, den wir beschreiten, und dieser bringt automatisch auch monetären Reichtum mit sich.

Präsenz ist Achtsamkeit

VIJAY ERZÄHLT Ulli und ich, wir unterstützen unsere Teammitglieder, wo wir können. Das ist eine Herzensangelegenheit für uns. Dabei geht es uns in erster Linie darum, dass unsere Partner lernen und sich zutrauen, mit fremden Menschen über das Business zu reden. Der erste Schritt zum Erfolg ist dabei, Präsenz in jedem Augenblick zu erreichen, was auch als Achtsamkeit bezeichnet wird. Das ist einer der wichtigsten Faktoren im Network-Marketing, denn in unserem Business geht es darum, neue, vertrauensvolle Kontakte mit Menschen zu knüpfen. Das geht nur, wenn ich im Hier und Jetzt bin.

Wenn ich präsent bin, bin ich auch fokussiert. Präsenz und Fokus sind für mich zwei Seiten der gleichen Medaille. Wenn ich präsent bin, werde ich von anderen wahrgenommen und nehme alle in meiner Nähe wahr. Ein Wechselspiel. Bin ich präsent, erfasse ich in einem einzigen Moment alles, die ganze Situation, auf einen Blick. Für mich hat Präsenz etwas damit zu tun, wie intensiv ich sehe und spüre, was um mich herum geschieht. Ich versuche, zu erkennen, was meinen Erfolg in diesem Moment positiv oder negativ beeinflussen könnte. Wenn ich mich sensibel in eine Situation hinein fühle, entgeht mir nichts. Wenn ich dagegen fokussiert bin, nehme ich nur einen Ausschnitt wahr. Was ich aufnehme, ist ein Teilaspekt der Gesamtheit; aber der könnte wichtig für mein Handeln sein.

Deswegen sind Präsenz und Fokus zwar eng miteinander verknüpft, dennoch konträr. In den meisten Situationen ist Präsenz wichtiger als Fokus. Geschäftsabschlüsse und unternehmerische Erfolge können nur durch Präsenz erzielt werden. Erst wenn ich die gesamte Situation erkannt habe, kann ich darauf reagieren und mich dann gezielt auf Teilaspekte fokussieren. Das kann zum Beispiel sein, einen bestimmten Menschen anzusprechen und zu versuchen seine ungeteilte Aufmerksamkeit zu bekommen.

Ich bin nur dann in der Lage, Chancen für unser Business zu nutzen, wenn ich sie bewusst wahrnehme. Präsenz bezieht sich immer auf mich selbst, sowohl auf meine Wirkung nach außen hin als auch auf Impulse, die von außen auf mich eintreffen. Präsenz ist bidirektional; sie wirkt in zwei Richtungen.

Das ist den meisten Menschen nicht bewusst. Wenn es ums Business geht, versuche ich präsent die Situation zu erfassen, die sich ergibt, wenn ich einen Unbekannten treffe und gleichzeitig von diesem Menschen wahrgenommen werde. Nicht-Präsenz bedeutet, wertvolle Chancen zu verpassen.

Darum konzentriere ich mich immer, wenn ich mit anderen zusammen bin, darauf wie es ihnen geht, wo sie stehen und wer interessant für ein Gespräch wäre. Um das herauszufinden, höre ich zunächst nur zu, lasse andere erzählen. Bin ich in einer Gruppe, erkenne ich schnell, mit wem ich sprechen möchte. Bin ich zu zweit, schenke ich meinem Gegenüber meine volle Aufmerksamkeit. Beim Zuhören gewinne ich Zeit und bekomme Informationen. Ich gebe dem anderen die Bühne, Raum zum Erzählen und zeige mein Interesse. Ich lobe für das, was er erzählt, zeige meine Wertschätzung und inspiriere ihn. Diese drei Stufen erzeugen bei meinem Gegenüber ehrliches Vertrauen.

Das Geheimnis ist Lob, Wertschätzung, Inspiration.

Dazwischen stelle ich hin und wieder Fragen. Fragen, deren Antworten mich ehrlich interessieren. Dann höre ich weiter zu. Kaum jemand ist sich der Macht und Magie des Zuhörens

bewusst. Ich lasse den anderen reden – solange er möchte, unterbreche nicht, stelle höchstens weitere Fragen, um ihn zum Weitererzählen zu motivieren.
Diese Ebenen der Gesprächsführung sind sehr kraftvoll.

Allein dadurch, dass ich dem anderen eine Bühne gebe, ist er geistig und emotional bei mir und ich erfahre Dinge, die ich wiederum in Fragen umwandle. So kann ich das Gespräch sanft lenken. Sanft, sehr sanft! Das habe ich von Ulli gelernt, sie ist eine wahre Meisterin darin. Durch sie habe ich das Prinzip erkannt und wir haben es gemeinsam weiterentwickelt.

Präsenz bedeutet also auch, jemandem zuhören zu können und einem Gespräch aufmerksam und geistig wach zu folgen. Nicht in dem Sinne, dass ich darauf lauere, dem anderen etwas überzustülpen oder ihn mit meiner Botschaft zu überfallen. Ich nehme vielmehr die Rolle des aktiven Zuhörers ein. Das gibt mir die Möglichkeit, mein Gegenüber wirklich zu verstehen. Dabei übe ich mich in Geduld, denn in jedem Gespräch kommt der Moment, in dem ich die Bedürfnisse des anderen erfasst habe und darauf reagieren kann. Darauf zu lauern, den anderen in einem geeigneten Moment zu unterbrechen, um die eigenen Inhalte im Gespräch unterzubringen, ist der größte Fehler, den Networker machen können. Ihre Intension ist der schnelle Abschluss. Sie wollen zum Erfolg kommen und erkennen nicht, dass wenn der andere mir noch nicht 100% vertraut, er auch kein Geschäft mit mir machen wird

Unser größtes Erfolgsgeheimnis lautet: Zuhören und aufmerksam dem Gespräch folgen, um die Bedürfnisse des anderen zu erfahren. Ich reagiere darauf jedoch erst, wenn ich das Gefühl habe, dass mein Gegenüber so weit ist, sich vollständig ausgeredet hat und seine Geschichte zur Gänze erzählt hat. Jede Unterhaltung ist anders. Es ist eine Kunst, genau zu spüren, was der Gesprächspartner in diesem Moment braucht. Manche Menschen wollen einfach nur reden und ein gutes Gespräch ohne eine Lösung haben. Manche wollen Anerkennung für ihr Erlebtes bekommen. Manche sind auf der Suche nach Lösungen, Chancen etc...

Doch im Zuhören ist es wichtig, den richtigen Zeitpunkt zu finden, wann dein Gesprächspartner bereit für deine Botschaft ist. Unterbrichst du ihn, dann ist er für deine Botschaft vielleicht nicht offen und nicht empfänglich. Würde ich trotzdem versuchen, meine Botschaft anzubringen, würde ich damit gegen die Wand laufen oder mein Gegenüber würde die Unterhaltung abbrechen.

In unserem Coaching geht es deshalb in den ersten drei Stunden ausschließlich um diese Art der Gesprächsführung. Wir bringen den Teilnehmern bei, wie sie mit anderen sprechen, ohne ein Ergebnis zu erwarten, ohne ans Business zu denken. Neuen Teammitgliedern stellen wir dabei die Aufgabe, ab sofort pro Tag vier Gespräche mit fremden Menschen zu führen. Sie brauchen nicht lang zu sein. Es geht nur darum, jemand Fremden anzusprechen und sich mit ihm zu unterhalten. Mehr nicht.

Wichtig ist es zu lernen, neugierig zu sein und unbeschwert zu kommunizieren. Ohne Hintergedanken. Wenn du es schaffst, mit fremden Menschen „ziellose" Gespräche zu führen, wirst du Hemmungen abbauen, die dich vielleicht bisher gehindert hatten Menschen anzusprechen, um sie für dein Business zu gewinnen. Doch das ist erst der zweite Schritt. Der erste ist, locker zu bleiben. Neugierig zu sein. Zwei Menschen treffen sich und reden miteinander, auf menschlicher Ebene. Wir stellen immer wieder fest, wie unsicher viele Menschen in ihrer Kommunikation sind. Mit dieser Übung versuche ich den Druck und die Angst zu nehmen, etwas erreichen zu müssen. Dadurch, dass du übst, zwanglos mit Menschen zu reden, hörst du besser zu und darum geht es in erster Linie, ums Zuhören. Um Fragen stellen, sodass der andere eine Bühne für sich bekommt und sich wertgeschätzt fühlt. Das muss authentisch und ehrlich sein. Wenn der andere zu erzählen beginnt, erfährst du viel über ihn als Mensch und wenn er Vertrauen gefasst hat, beginnt er über seine Probleme zu sprechen.

Vielleicht fällt dir eine Lösung dafür ein. Doch das ist nicht das Wichtigste. Diese erste Übung ist nicht dazu da, Lösungen anzubieten, sondern sich damit vertraut zu machen, mit anderen Menschen ansichtslos zu reden und um herauszuhören, was sie gerade brauchen. Das ist unsere erste Übung, der erste Schritt in Richtung Präsenz. Dasein, ohne Leistung, ohne Druck. Diese Aufgabe hat sich sehr bewährt und die Teilnehmer unseres Coachings bestätigen immer wieder, dass sie danach unbeschwerter auf fremde Menschen zugehen können.

Network-Anfänger denken manchmal zu lösungsorientiert und geraten schnell in den Besserwisser-Modus. Etwas besser zu wissen, bringt Aufmerksamkeit, manchmal auch Anerkennung. Doch darum geht es in unserem Business nicht, denn nicht du, sondern dein Gegenüber soll Aufmerksamkeit und Anerkennung bekommen. Dadurch schaffst du Vertrauen und erzeugst Interesse. Diese Übung zwingt dich, dein Ego zurückzustellen, dich selbst zurückzunehmen und den anderen als Mensch und nicht als potenziellen Kunden oder Partner zu sehen.

Viele Menschen nehmen sich heute kaum noch Zeit, wollen schnelle Ergebnisse sehen. Deine Aufgabe ist es in dieser Übung, herauszufinden, was dein Gegenüber belastet, was er braucht, was ihn drückt. Viele Menschen stellen in einem Gespräch zwar Fragen, warten aber die Antwort gar nicht ab. Wir haben es verlernt zuzuhören. Liegt es daran, dass wir uns oft wichtiger nehmen als den anderen? Wenn die Teilnehmer unseres Coachings eine Woche lang täglich diese Übung gemacht haben – und das empfehlen wir! - ist der nächste Schritt, jeden Tag mindestens ein schönes, längeres Gespräch zu führen.

HIER IST EIN BEISPIEL: Wenn jemand sagt: „Ich habe Probleme mit meiner Tochter, weil sie so schlecht lernt. Ich weiß gar nicht, was ich noch machen soll." Dann wäre deine Aufgabe, das wahrzunehmen und lediglich mit einem kurzen Satz darauf zu antworten, etwa: „Ja, das kenne ich. Das war bei meiner Tochter auch so. Aber das Problem haben wir Gott sei Dank gelöst." Mehr nicht. Gehe nicht konkret auf die Lösung ein. Belehre den anderen nicht. Warte einfach ab. Irgendwann wird der andere die Frage stellen: „Was habt ihr gemacht?" Tut er das nicht, redest du auch nicht weiter darüber.

Es geht darum, Achtsamkeit dafür zu entwickeln, was der andere möchte. Viele Menschen sind Schwätzer: Sie reden um des Redens willen und nicht, um etwas über einen anderen Menschen zu erfahren. Doch genau hier liegt der Schlüssel im Network-Marketing. Unterscheiden zu können, wer Hilfe und wer nur Zuhörer braucht. Schwätzer sind anstrengend. Wir versuchen im Coaching unsere Partner dafür zu sensibilisieren, das eine vom anderen zu unterscheiden und auch zu lernen, ihr eigenes Verhalten in Gesprächen zu kontrollieren.

Es kann auch sein, dass dein Gegenüber noch gar nicht bereit ist, mit dir über Lösungen zu sprechen. Jemand hat vielleicht noch nicht genug Vertrauen zu dir gefasst. Das zu erspüren, will ebenfalls gelernt sein. In so einer Situation könntest du beispielsweise sagen: „Du, pass auf, wenn du magst, gib mir deine EMail-Adresse und wir bleiben in Kontakt. Dann erkläre ich dir gerne, was ich gemacht habe, um das Problem zu lösen." Damit kannst du das Gespräch beenden, ohne den Kontakt zu verlieren und kannst dann - Step by Step – den, wie ich gerne sage, „großen Dinosaurier in Häppchen servieren, damit er ihn in mundgerechten Stücken langsam verspeisen kann". Du siehst, ich versuche, mit diesen Übungen und Impulsen eine andere Sensibilität für Kommunikation und Gesprächsführung zu erreichen. Network-Marketing sollte Spaß machen und es sollte eine Leichtigkeit darin sein.

Diese Art des Kommunikationstraining ist in unseren Teams sehr beliebt und führt zu ausgezeichneten Ergebnissen. Bei der ersten Übung im Coaching, bei der die Teilnehmer lernen, unbefangen und zunächst ohne Verkaufsziel mit Menschen zu reden, sollen sie versuchen, das Gespräch möglichst lange in Gang zu halten, ohne selbst so viel zu sagen. Einen anderen Menschen ins Reden zu bringen, ist eine Kunst, die man durch diese Übung hervorragend lernen kann. Es reichen kurze Antworten, kleine Bestätigungen oder knappe Fragen, um dein Interesse zu zeigen. Durch Einwürfe wie „Echt?

Sehr spannend, darüber würde ich gern mehr wissen." bringst du den anderen dazu, weiter zu erzählen. Dann lässt du ihn so lange reden, bis er nichts mehr zu erzählen hat. Das meine ich, wenn ich sage, gib ihm eine große Bühne für seine Anliegen. Durch das intensive Zuhören schenkst du ihm viel Wertschätzung. Das spürt er und schenkt dir dafür sein Vertrauen.

Wir stellen immer wieder fest, dass es vielen Menschen schwerfällt, solche Gespräche zu führen. Jeder hört sich schließlich selbst gerne reden und erzählt mit Vorliebe seine eigene Geschichte oder von seinen Erfahrungen. Es ist nicht so einfach, mit seiner Aufmerksamkeit ganz bei dem anderen zu bleiben.

Darum üben wir das intensiv im Coaching. Das schärft Präsenz für den Augenblick, denn bei dieser Übung muss das eigene Ego ausgeschaltet werden. Das ist nicht so einfach, da sich das Ego gern in den Vordergrund drängt. Wenn du diese Übung machst, wirst du merken, wie viel du zurückbekommst, wenn du Menschen erzählen lässt und ihnen aufmerksam zuhörst.

Es gibt noch weitere Aspekte von Präsenz, die du im Network-Marketing brauchst. Wir alle sind gefordert, uns nicht dauernd ablenken zu lassen und Störungen auszublenden. Das ist nicht einfach, denn wir leben in einer Zeit der permanenten Reizüberflutung: Social-Media-Meldungen, Telefonklingeln und aufpoppende Nachrichten auf dem Bildschirm sind nur einige der Ablenkungen, derer wir ausgesetzt sind. Trotzdem aufmerksam für die Aufgaben zu bleiben, die konzentriert erledigt werden wollen, ist eine wahre Herausforderung. Vor allem Social Media ist ein Konzentrationskiller. Die vielen kurzen Benachrichtigungen holen dich immer wieder aus dem Fokus. Wenn du konzentriert am Computer arbeiten willst, solltest du dir im ersten Schritt der ständigen kleinen Unterbrechungen bewusstwerden, um dann im zweiten Zug alles, was dich ablenken könnte, aus deinem Umfeld zu verbannen. Lege das Handy zur Seite und schalte den Ton aus, sodass du es weder siehst noch hörst. Auch die Benachrichtigungen auf dem

Computerbildschirm kannst du ausschalten. Am einfachsten ist es, feste Zeiten für bestimmte Aufgaben festzulegen.

Die Ablenkungen abseits technischer Geräte kannst du ebenfalls verbannen. Sorge beispielsweise dafür, dass du, wenn du zu Hause arbeitest, nicht von deinen Kindern gestört wirst. Vor allem Mütter sind anfällig für solche Störungen. Kinder lassen sich allerdings nicht einfach abschalten, doch wie wäre es, feste Zeiten und Regeln mit ihnen zu vereinbaren, um dir eine gewisse Zeitspanne freizuschaufeln, in der du ungestört arbeiten kannst?

Wenn du mit deinem Network-Marketing-Business noch am Anfang stehst, wirst du wahrscheinlich im Homeoffice tätig sein. Dann ist es wichtig, allen Familienmitgliedern, also auch deinen Kindern klarzumachen, wann sie dich nicht stören dürfen. Sage ihnen klar: „Jetzt ist meine Zeit, da möchte ich nicht gestört werden. Kommt bitte nicht zu mir ins Büro, ich muss arbeiten. Wenn ich fertig bin, machen wir etwas zusammen." Oder: „Achtet bitte darauf: Wenn die Tür zu ist, möchte ich nicht gestört werden." Kinder verstehen solche klaren Regeln. Unsere Kinder wussten, wenn die Bürotür geschlossen ist, dürfen sie uns nicht stören.

Doch es sind nicht immer die anderen, die einen ablenken. Auch selbst die Disziplin zu halten, ist eine Lernaufgabe, vor allem für Frauen. Ihnen fallen ständig tausend Dinge ein, die sie noch schnell machen könnten, bevor sie konstruktiv zu arbeiten beginnen. Es ist nicht so einfach, Haushalt und Kinder auszublenden. Männer können das besser. Sie sind mehr bei sich, während Frauen sich mehr um die anderen sorgen. Das liegt in ihren Genen.

Es passiert so viel um einen herum, was man gar nicht ausblenden kann. Wir haben eine äußerst hilfreiche Übung, um Präsenz zu schulen und den Teilnehmern unseres Coachings beizubringen, wie sie fokussiert bleiben. Sie wurde entwickelt von der Amerikanerin Mel Robbins. Sie bezeichnet sie als „Fünf-Sekunden-Regel". Sie hat ein Buch darüber geschrieben[2], wie man den alltäglichen Ablenkungen aus dem Weg gehen und ganz im Augenblick bleiben kann, selbst wenn um einen herum das Leben tobt. Mel Robbins hat diese Fünf-Sekunden-Regel zunächst für sich selbst konzipiert, als sie ohne Job daheim mit zwei Kindern nichts mehr auf die Reihe bekam. Ihre eigene Trägheit funkte ihr dazwischen, wenn sie aktiv werden wollte. Irgendwann hat sie sich gefragt, wie sie ihren inneren Schweinehund überwinden und den Fokus auf den Augenblick lenken könnte. Robbins, Mel (2017), „Die fünf Sekunden Regel", Verlag: Frech

Eines ihrer Beispiele beschreibt sie sinngemäß so: Wenn morgens der Wecker läutet, sagt ihre innere Stimme: „Ich will nicht aufstehen." Daraufhin dreht sie sich noch einmal um, zieht sich das Kissen über die Ohren, um nichts zu hören, und bleibt liegen. So beginnt der Tag schon träge. Ihr Trick, den sie schließlich anwendet: rückwärts von fünf bis eins zu zählen – fünf, vier, drei, zwei, eins – und dann sofort aufzustehen. Nicht nachdenken, sondern sofort schon bei eins zu handeln, ehe die innere Stimme eingreifen kann. Seitdem sie ihrem inneren Countdown folgt, ist sie aktiver und vor allem, sofort mit voller Aufmerksamkeit bei der Sache, egal, worum es geht. Fünf, vier, drei, zwei, eins und los geht's! Punkt. Keine Diskussion. Einfach mal ausprobieren.

Zugegeben, es braucht am Anfang Disziplin und etwas Überwindung, um das durchzuziehen. Jedoch wenn du es zu einem festen Ritual machst, wird deine Präsenz um tausend Prozent zunehmen. Garantiert. Das Geheimnis dieser Methode liegt darin, dass das Gehirn nicht so schnell schalten kann. Wenn du bemerkst, dass die Trägheit wieder die Oberhand gewinnen will, starte sofort den Countdown. Auf diese Weise überlistest du dein eigenes Gehirn und verhinderst, dass es überhaupt erst in den Nachdenken-Modus schaltet, ob du willst oder nicht. So schnell ist das Gehirn nicht. Du kommst sofort in Bewegung. Wir lieben dieses Ritual und es gibt täglich viele Situationen, in denen wir das anwenden. Manchmal, wenn man sich beispielsweise nicht aufraffen kann, laufen zu gehen: Fünf, vier, drei, zwei, eins, Schuhe an und los. Wer das verinnerlicht, ist immer voll da, wird sehr viel mehr schaffen und seine Zeit optimal nutzen. Versuche es gerne mal, diese Strategie der Selbstüberlistung bringt dich augenblicklich in Aktion.

Fürs Network-Marketing ist das elementar. Wenn du dich zum Beispiel nicht traust, eine andere Person anzusprechen: Fünf, vier, drei, zwei, eins, hingehen, reden. Nicht denken, handeln! Wenn du Nachdenkst, kommen Zweifel und du verzettelst dich. Chance vorbei.

Wir finden dieses Tool sensationell und arbeiten damit auch auf unserem Event „Into the Future", wenn wir über Präsenz und über schnelle Reaktionen sprechen. Dann machen alle diese Übung und die bringt sofort den Aha-Effekt. Meist haben wir ein paar Bücher von Mel Robbins dabei und fragen ins Publikum, wer eins dieser Bücher geschenkt bekommen will. Es ist stets spannend, zu beobachten, wie wenige Personen sofort reagieren und wie viele nicht.

Wenn es ein Geschenk für dich gibt, musst du da nicht sofort aufspringen und losrennen? Ins Handeln kommen? Beim letzten Mal hatten wir fünf Bücher, aber es kamen sieben Leute auf die Bühne gerannt. Zwei waren zu spät und ich gab ihnen mit auf den Weg, dass sie schneller ins Handeln kommen müssen. Wir fordern unsere Partner gern auf diese Weise heraus. Diese Übung macht deutlich, wie sehr Präsenz den persönlichen Erfolg beeinflusst. Die meisten Menschen trauen sich gar nicht, sofort, ohne nachzudenken, zu handeln.

Fokus ist ein weiterer Schlüssel zum Erfolg. Wenn du es schaffst, ihn auf deine tägliche Arbeit zu richten und ihn dort zu halten, schaffst du mehr in kürzerer Zeit. Fokus ist ein wirksames Mittel gegen zeitfressende Ablenkungen. Du verlierst dich nicht, sondern bleibst bei der Sache. Doch man kann sich nicht unbegrenzt fokussieren, die Konzentration lässt nach. Darum planen wir feste Zeitfenster für unsere Aufgaben ein, legen fest, wann wir was machen, und dazwischen gibt es Pausen.

ULLI ERZÄHLT Wenn Vijay von Fokus spricht, muss ich lächeln, denn meine Grundstruktur war immer schon sehr fokussiert und erfolgsorientiert. Während er der Visionär in unserem Team ist, überlege ich bei allem was ich tue, ob und wie es uns weiterbringt. Das ist ein Gegenpol zu Vijays zukunftsorientiertem Denken. Sehr wichtig! Ich frage mich unzählige Male am Tag, ob mich das, was ich gerade mache, meinem Ziel näherbringt. So konzentriere ich mich immer wieder nur auf das Wesentliche. Wie oft tun wir im Alltag unwichtige Dinge, die nur Ersatzhandlungen sind, um uns vor unliebsamen Aufgaben zu drücken? Um das zu vermeiden, ist die Frage, ob mich etwas meinem Ziel näherbringt, zu meinem ständigen Begleiter geworden. Natürlich erwische ich mich manchmal dabei, dass ich etwas tue, was mich nicht weiterbringt. Doch realisiere ich das, habe ich sofort die Wahl, mich neu zu konzentrieren oder es sein zu lassen.

Erfolg war mir immer sehr wichtig. Nicht Erfolg, um der Anerkennung willen. Erfolg bedeutet für mich – genau wie für Vijay –, finanziell abgesichert zu sein. Wir lieben es, ein schönes Zuhause und ein angenehmes Leben zu haben. Es gab Zeiten, da hatten wir das nicht., weil das Geld zu knapp war. Mein Antrieb damals war, aus der finanziellen Enge herauszukommen. Inzwischen haben wir unsere Ziele erreicht und können uns leisten, wovon wir träumen. Doch ich weiß auch, dass Erfolg kein Dauergast ist, der sich einmietet und für immer bleibt. Er kann schnell wieder verschwinden, wenn man nicht achtgibt. Viele Menschen glauben, dass sie nichts mehr tun müssen, wenn sie ihr Ziel erreicht haben. So ein Quatsch! Man darf nie aufhören, an seinem Erfolg zu arbeiten. Ab einem gewissen Niveau macht es allerdings unglaublich viel Spaß, das zu tun. Wenn man erst einmal im Erfolgsprozess drin ist, geht es immer weiter. Schauen wir uns Richard Branson, Anthony Robbins und all die anderen erfolgreichen Trainer und Unternehmer an. Sie haben nie aufgehört, an ihrem Erfolg zu arbeiten, sondern weitergemacht, weil sie auch Werte hinter dem Erfolg hatten. Ihnen ging es darum, andere Menschen dabei zu unterstützen, ebenfalls erfolgreich zu werden. Das ist auch, was mich stark antreibt. Ich brenne dafür, dass andere Menschen auch da hinkommen kommen, wo wir schon sind.

Ich arbeite gerne. Arbeit macht mir Freude. Mit so vielen spannenden Menschen zusammenzuarbeiten ist ein Privileg:

Manchmal kann ich kein Ende finden und mache weiter, bis ich fertig bin. Da kommt es auch mal zu kleinen Familienkonflikten, weil ich bis Mitternacht im Büro bin. Dann kommt Vijay voller Sorge zu mir und bittet mich aufzuhören. Das verstehe ich zwar, dennoch fällt es mir schwer, seiner Bitte nachzukommen. Für mich ist das, was ich mache, absolute Hingabe und erfüllt mich mit Freude. Vijay macht sich manchmal Sorgen, dass ich zu wenig Zeit für die Familie habe. Doch ich versuche, in jeder freien Minute für meine Lieben da zu sein. Dann unternehmen wir besondere Sachen und haben viel Spaß zusammen.

Organisation und Offenheit

Eine gute Organisation ist im Network-Marketing die Basis, auf der dein Unternehmen steht. Wenn man so viele Partner hat wie wir, darf man nichts mehr dem Zufall überlassen. Wir haben den Wunsch, alle Partner so gut wie möglich zu begleiten und zu fördern. Da ist die Organisation des Business und des täglichen Ablaufs das A und O.

Auch das Netzwerk braucht Organisation. Nicht alle Teams müssen gleich stark sein oder ähnlich hohen Umsatz bringen. Meist reichen eine oder zwei tief verzweigte Teamlinien bis ganz nach unten.
Wie sich einzelne Teams entwickeln, hängt davon ab, wie engagiert neue Partner sich ihr Business aufbauen, wie viele neue Teammitglieder sie ins Unternehmen bringen und auch davon, wie sie von Beginn an unterstützt werden, um ihr Potenzial zu entfalten. Starke Teams bezeichnen wir als „Power Legds". Interessanterweise hat jedes Business mindestens ein solch starkes Standbein. Das ist das, was sich am stärksten entwickelt und das meiste Umsatzvolumen erbringt.

Alle anderen Teams dienen dazu, den angestrebten Rang zu erreichen. Betrachten wir diese Strukturen einmal genauer: Bereits mit zwei Partnern unter denen jeweils ein Team, also eine Einkaufsgemeinschaft, entsteht, kannst du ein (Zusatz-) Einkommen generieren, für das andere einen ganzen Monat lang jede Woche vierzig Stunden arbeiten müssen. Es ist so einfach und es begeistert uns immer wieder an diesem Business: Mit nur zwei Menschen und deren Netzwerk unter dir kannst du bereits den Silver-Rang erreichen und verdienst 1.500 bis 2.000 Euro im Monat, den entsprechenden Umsatz vorausgesetzt.

Mit drei Teams ist es möglich, ein monatliches passives Einkommen von durchschnittlich 5.000 Euro zu generieren, mit vier Teams schaffst du es sogar auf bis zu 10.000 Euro. Wir haben in unserem Netzwerk so unglaublich erfolgreiche Menschen und versuchen ständig, noch viele weitere Partner durch unsere Trainings und Coachings auf dieses Erfolgsniveau zu bringen. Die YL-Einkommenstabelle finden Sie im Anhang.

Im Folgenden erläutern wir konkret die Strukturen bei Young Living. Das Unternehmen basiert – ebenso wie der Vergütungsplan – auf dem Prinzip der sechs Linien. Wie jedes andere Belohnungs- oder besser gesagt Provisionssystem baut auch dieses auf Leistung auf. Wer mehr leistet, verdient mehr Geld. Ganz einfach. Das System ist in insgesamt zehn Stufen untergliedert:

1. STUFE: MEMBER. Nachdem du dich bei Young Living eingetragen hast, bist du „Brand Partner". Als Brand Partner kannst du Kunde bleiben und nur für dich Young Living Produkte zum Kundenpreis bestellen. Du hast allerdings auch jederzeit die Möglichkeit, dir aktiv eine Netzwerkorganisation aufzubauen, indem du Menschen für Young Living begeisterst und in deine Organisation einschreibst (sponserst). Die Provision, die du erhältst, deckt meistens schon die Kosten aller Young Living Produkte ab, die du für dich und deine Familie benötigst. Du hast sozusagen die Young Living Produkte gratis. Die interne Berechnungsbasis ist der Dollar. 1 Dollar entspricht 1 Volumens-punkt. Für die Rangqualifikation benötigst du am Ende jeden Monats das entsprechende Monatsvolumen. In der 1. Stufe des Vergütungsplans „Brand Partner" reichen 100 Punkte am Monats-ende, dass du dich bereits für die Provision qualifiziert hast.

2. STUFE: STAR. Wenn du mit deinen Umsätzen ein monatliches Volumen von 500 Punkten erreichst, steigst du in die zweite Stufe auf.
Das kannst du erreichen, indem du selbst genügend Produkte kaufst oder Punkte aus eigenen Bestellungen plus denen deiner Partner zusammenaddierst.

3. STUFE: SENIOR STAR. Um es auf diese Stufe zu schaffen, brauchst du ein monatliches Volumen von 2.000 Punkten. Diese werden – wie bei allen anderen Stufen auch – aus allen deinen Produktkäufen und denen deiner Partner errechnet.

4. STUFE: EXECUTIVE. Dein monatliches Umsatzvolumen ist auf 4.000 Punkte gestiegen. Um Executive zu werden, brauchst du zudem mindestens zwei eingeschriebene Partner, die für ein bestimmtes Volumen eingekauft haben. Das wird zu deinem eigenen Umsatz hinzugerechnet. Auch wenn du es ohne Partner bis zum Senior-Star-Level schaffen kannst, ist der Sinn des Network-Marketings, auf Duplikation zu setzen. Dadurch generierst du deutlich mehr Umsatz und baust dir ein passives Einkommen auf. Das ist die Grundidee und eben auch die unglaubliche Chance im Network-Marketing.

Alles andere bringt auf Dauer nicht den gewünschten Erfolg. Denn schon um den Executive-Rang zu erreichen, musst du mindestens zwei Teams unter dir haben. Hast du das geschafft, erzielst du auch sehr schnell Umsätze über 4.000 Punkte und kannst weiter aufsteigen.

5. STUFE: SILVER. Um Rang Silver zu erreichen, baust du noch mehr Teams mit mehr Partnern auf und erzielst ein Volumen von mindestens 10.000 Punkten pro Monat.

Das schaffst du auch schon mit nur zwei Teams, die jeweils etwa die Hälfte der Punkte einbringen.

6. STUFE: GOLD. Willst du es in den Gold-Rang schaffen, brauchst du mindestens drei Linien unter dir, die jeweils mindestens 6.000 Punkte erwirtschaften müssen. Das nötige Gesamtvolumen liegt bei 35.000 Punkten oder mehr.

7. STUFE: PLATINUM. Hierfür brauchst du vier Teams, die jeweils mindestens 8.000 Punkte einbringen und ein Umsatzvolumen von insgesamt 100.000 Punkten.

8. STUFE: DIAMOND. Ab hier gehörst du zu dem einen Prozent der erfolgreichsten Business-Builder. Erforderlich sind fünf Teams, die jeweils 15.000 Punkte generieren. Zudem muss dein Umsatz ein Volumen von mindestens 250.000 Punkten erreichen.

9. STUFE: CROWN DIAMOND. Das ist der zweithöchste Rang, den du erreichen kannst. Um das zu schaffen, musst du sechs gut funktionierende, umsatzstarke Teams aufbauen, die jeweils 20.000 Punkte erwirtschaften. Der Gesamtumsatz muss bei mindestens 750.000 Punkten liegen.

10. STUFE: ROYAL CROWN DIAMOND. Ab hier gehörst du zur absoluten Elite. Du hast es bis ganz nach oben geschafft!

Die Ränge eins bis sechs unterscheiden sich im Wesentlichen durch das notwendige monatliche Umsatzvolumen. Im Grunde genommen brauchst du, um in diesem Business erfolgreich zu werden, nur sechs Teams unter dir. Doch es ist sinnvoll, ein zusätzliches Team zu haben, falls ein anderes - aus welchen Gründen auch immer - mal wegbricht. Das kann schnell passieren, wenn ein Leader ausfällt, zum Beispiel schwer krank wird oder seine Ehe zerbricht. Es gibt unzählige Möglichkeiten, warum ein Mensch plötzlich keine Lust oder keine Kraft mehr hat oder keine Möglichkeit mehr sieht, um sein Business weiterzuführen. Diese Situation ist vergleichbar mit einer Kündigung in einem klassischen Unternehmen. Doch wenn ein tragender Partner, ein Business-Builder oder Leader, sein Team nicht mehr unterstützen kann und niemand anders verantwortungsvoll diese Rolle übernimmt, kann es passieren, dass die gesamte Organisation in sich zusammenfällt. Das kann dich deinen Rang kosten. Deswegen raten wir aus unserer Erfahrung heraus, besser sieben Teams aufzubauen, um immer auf der sicheren Seite zu sein.

Bevor du nun beginnst, Vollgas zu geben, solltest du noch herausfinden, welcher Network-Typ du bist. Die wichtigste

Frage dabei lautet: Wie viele Menschen kennst du, die das Potenzial haben, zu Partnern zu werden? Es ist sinnvoll, eine Liste mit potenziellen Partnern zu erstellen. Anschließend überlegst du, ob du jemand bist, der offen auf Menschen zugeht und dem es leichtfällt, mit anderen zu kommunizieren oder ob du eher zu den introvertierten Zeitgenossen zählst, die sich damit schwertun. In Kapitel 2 haben wir Strategien für den Aufbau eines Netzwerks beschrieben. Diese solltest du nun beachten, wenn du beginnst, deine eigene Organisation zu starten.

Ein hervorragendes Beispiel dafür, wie professionell man ein Network-Marketing-Business planen und umsetzen und sich in relativ kurzer Zeit ein profitables Einkommen erwirtschaften kann, ist ein Kollege aus den USA. Er hat seinen Erfolg bei Young Living detailliert geplant, bevor er sein Business gestartet hat. Mithilfe des Gesetzes der frühen Breite hat er eine Taktik entwickelt, die ihn innerhalb eines einzigen Jahres auf den Diamond-Rang katapultiert hat.

Diesen unglaublichen Erfolg hat er dem strategisch schlauen Aufbau seines Teams zu verdanken: Er hat sieben seiner engsten Freunde herangeholt und ihnen seine Idee vorgestellt. Er hat ihnen das System des Network-Marketings erklärt und gesagt, dass alle gemeinsam ein Riesenbusiness starten werden. Keiner müsse dafür ein Risiko eingehen, niemand brauche Investitionskapital oder müsse Leute einstellen. Jeder solle nur das kaufen, was er selbst verbraucht. Mehr nicht. Gesagt. Getan. Jeder bekam ein Starterset und er hat sich selbst und dann seine sieben Freunde auf der Ebene unter sich bei Young Living eingetragen. Ganz gemäß dem Gesetz der frühen Breite. Er hat seine sieben Freunde motiviert, wiederum ihre Freunde und neue Leute zu akquirieren, um so schnell wie möglich den Gold-Rang zu erreichen. Dann würden sie anfangen bis zu 5000$ im Rang Gold, zu verdienen. Er forderte sie auf, sich ins Zeug zu legen und konsequent alle ihre Kontakte durchzugehen. Denn um den Gold-Rang zu erreichen, müsste jeder mindestens drei Teams aufbauen. Das war das gemeinsame Ziel.

Jeder der sieben Freunde hat die Strategie und das Verhalten des Initiators dupliziert und selbst ebenfalls sieben Freunde eingetragen. Ab dann war der Erfolg nicht mehr aufzuhalten. Innerhalb weniger Monate erreichte unser Kollege den Gold-Rang. Als die anderen sahen, was man dort schon verdienen kann, waren sie angestachelt und haben wie besessen gearbeitet, um es selbst auf diesen Rang zu schaffen. Es entbrannte ein regelrechter Wettbewerb unter den Männern.

Dabei war die Taktik unseres Kollegen bei genauerer Betrachtung denkbar einfach: Seine sieben Freunde haben ihn zuerst in den Gold-Rang gebracht; dann haben sie ihre Umsätze gesteigert, um ebenfalls Gold zu werden. Dadurch stieg unser Kollege in den Platinum-Rang auf. Das wollten sie dann auch. Schließlich haben sie ihn bis in den Diamond-Rang gehoben. Jeder der sieben hat dabei versucht, ein eigenes, genauso erfolgreiches Business mit sieben seiner eigenen Freunde aufzubauen. Die mit ihren sieben Freunden. Alles äußerst effektiv. So eine Wahnsinnskarriere innerhalb eines Jahres! Dass ihm das in so kurzer Zeit gelang, liegt vor allem daran, dass er alles strategisch durchgeplant hatte und sein Plan aufgegangen ist, weil er auf die richtigen sieben Freunde gesetzt und diese motiviert hat. Jeder von ihnen hatte Leader-Qualitäten und so haben auch sie weiter am Business gearbeitet.

VIJAY ERZÄHLT Ulli und ich haben mittlerweile acht gemeinsame Teams, die alle gut laufen, sechs davon richtig, richtig erfolgreich. Diese sechs erwirtschaften unseren Hauptumsatz. Die beiden anderen ziehen allmählich nach, weil wir die strategischen Partner gezielt in unsere Trainings und Coachings eingeladen haben. Wir sind dabei, sie nicht nur zu den Grundlagen zu schulen, sondern vor allem ihr Business-Mindset zu trainieren. Das schürt auch die Motivation.

Unsere Erfahrung zeigt, dass Umsatz und Verdienst umso höher ausfallen, je breiter man sich langfristig aufstellt. Mit jedem Team, das dazukommt, steigt der Verdienst. Das kann endlos so weitergehen, nach oben gibt es keine Limits. Darum unterstützen wir alle unsere Partner gleichermaßen, vor allem die neu eingeschriebenen, wenn wir bei ihnen das Potenzial entdecken. Manchmal helfen wir ihnen sogar aktiv beim Teamaufbau, indem wir von uns akquirierte neue Partner unter ihnen eintragen. Das ist eine strategische Maßnahme. Sie bewirkt bei Neueinsteigern einen großen Motivationsschub, weil schnell Umsatz generiert wird, obwohl sie noch gar nichts dazu beigetragen haben. Es ist geschenktes Geld.

Unsere Partner erleben dadurch, wie einfach es ist, schon mit einem oder zwei neuen Teammitgliedern Geld zu verdienen. Das spornt sie an, selbst neue Partner zu finden. Wenn sich beispielsweise jemand aus München bei uns einträgt und wir kennen zufällig jemanden, der ebenfalls dort wohnt und mit Network-Marketing beginnen will, tragen wir den einen beim anderen ein. Das ist der Start für ein neues Team und die beiden sind nicht mehr allein. Das motiviert. Sie können sich austauschen und gegenseitig unterstützen, gemeinsam Konzepte erarbeiten oder Veranstaltungen organisieren.

Anhand dieser Beispiele siehst du, wie wichtig es ist, strategisch zu denken und zu handeln. Langfristiges Ziel sollte immer sein, mehr in die Tiefe jedes Teams zu gehen, selbst wenn du am Anfang auf das Gesetz der frühen Breite gesetzt hast. Langfristig erreichst du in der Breite erst ausreichend Duplikation, wenn genügend Partner in den Teams eingeschrieben sind. Grundsätzlich gilt, je tiefer deine Teams strukturiert sind, desto größer ist der duplizierende Effekt. Wir haben in den letzten Jahren etwa 60.000 Partner aufgebaut und sind dabei strategisch zuerst in die Breite und dann in die Tiefe gegangen.

Denn natürlich haben diese Menschen nicht alle wir allein generiert, sondern das hat unser Team gemacht. Wir beide haben etwa 100 Partner selbst gesponsert.

In Kapitel 2 haben wir verschiedene Strategien beschrieben, die im Network-Marketing hilfreich sind. Eine davon ist die Strategie der kleinen Schritte. Sie ist sinnvoll, wenn du wenig Zeit für dein Business hast und dir trotzdem ein umsatzbringendes Unternehmen aufbauen willst. Dafür solltest du gezielt einen Schritt nach dem anderen machen und, auch wenn es etwas länger dauert, es zu erreichen, nicht dein Ziel aus den Augen verlieren.

Bei dieser Strategie beginnst du mit zwei Teams und baust dann ein drittes auf. An jeder Linie arbeitest du kontinuierlich weiter und gehst gleichmäßig tiefer und tiefer, so lange, bis du den Silver-Rang und anschließend den Gold-Rang erreicht hast. Für Silver brauchst du 2 Teams, für Gold sind es drei Linien (Teams). Es dauert etwa ein bis zwei Jahre, bis du das geschafft haben wirst und diese Stufen erreichst – je nachdem wie intensiv du daran arbeitest. Aber wenn du es geschafft hast, verdienst du bereits vierstellig. Motiviere deine Partner, die Bestellart „automatischer Lieferservice" (ALS) zu nutzen, denn dann ist dein monatliches Umsatzvolumen besser planbar.

Das Besondere daran ist, dass du dein passives Einkommen mit den alltäglichen Produkten, wie Zahnpasta, Duschgel und Putzmitteln, erwirtschaftest.

Wenn du einen neuen Partner in einem deiner Teams einschreiben willst, überlege genau, wo du ihn strategisch günstig platzieren möchtest. Welchen Charakter hat diese Person? Zu wem passt sie? Mit wem könnte sie gut zusammenarbeiten? Wie kannst du sie beim strategischen Aufbau ihres Business am besten unterstützen?

Jedes Teammitglied sollte Partner mit dem gleichen Mindset um sich haben, die sich gegenseitig unterstützen. Ganz wichtig ist, dass der Teamaufbau nach unten gut funktioniert. Als neuer Partner ist es zudem wichtig, zu Beginn zu schauen, wer in deiner Upline ist.

Welcher Partner in der Ebene über dir kann dich unterstützen und dein Mentor sein? Die Grundregel im Network-Marketing ist, dass der Höherrangige die Partner unter sich unterstützt. Erfolg steckt an. Erfolgreiche Menschen können Neulinge anleiten und ihnen Tipps geben, sodass Unerfahrene von den Kenntnissen des Sponsors profitieren können.

Wenn du als Anfänger jemanden hast, der dich fördert, bringt dich das schneller nach oben. Das muss nicht zwangsläufig derjenige sein, der dich ins Unternehmen gebracht hat. Oft ist es eher jemand, dessen Persönlichkeit dich besonders beeindruckt.

Auch das Finden eines Mentors gehört zum Aufbau deiner Organisation. Wir empfehlen, dir einen Mentor in deiner Nähe zu suchen. Doch nicht nur eine möglichst geringe Entfernung ist wichtig – er muss auch zu dir passen. Großartige Mentoren fallen nicht vom Himmel.

Du musst sie suchen, finden und fragen. Mache dir dabei bewusst, dass es keine Schwäche, sondern vielmehr eine Stärke ist, den Rat erfahrener Menschen anzunehmen. Dieser Schritt gibt dir den nötigen Antrieb in der Anfangsphase deines Business.

Als wir begonnen haben, Young Living in Europa aufzubauen, gab es niemanden über uns, der uns hätte führen und mit seiner Erfahrung unterstützen können. Wir hatten kein Support-Team. Niemand hat uns gesagt, wie dieses Business funktioniert. Alle erfolgreichen Leader wohnten in den USA.

Doch in Europa funktioniert das Business etwas anders als in Amerika. Also haben wir in den sauren Apfel gebissen und uns alles selbst erarbeitet. Mit sämtlichen Höhen und Tiefen, Erfolgen und Misserfolgen. Doch wir sind drangeblieben und haben auch in schwachen Momenten nicht aufgegeben. Hätten wir das gemacht, wären wir heute nicht da, wo wir sind: Im Royal-Crown-Diamond-Rang und unser Team erstreckt sich über ganz Europa und reicht bis Nord- und Südamerika.

Jeder, der im Network-Marketing durchstartet, muss wissen, dass der Erfolg immer bei einem selbst beginnt. Wenn du von deinem Sponsor nicht genug motiviert wirst oder zu wenig Unterstützung bekommst, suche dir jemanden, mit dem du lieber arbeiten möchtest. Profitiere von dessen Erfahrungen, ziehe aus jedem Gespräch wertvolle Hinweise und frage nach, wenn du etwas nicht verstehst oder wissen willst, wie du etwas strategisch angehen solltest. Das ist Training und Persönlichkeitsentwicklung in einem.

Wir haben zwei Trainings speziell für unsere Partner entwickelt: unser 90-TAGE-COACHING und das TRAIN-THE-TRAINER-PROGRAMM. Was wir darin vermitteln, ist von höchster Qualität. Jeder kann wirklich viel für sich mitnehmen und braucht kein Einzelcoaching mehr. Das funktioniert sehr gut und ist eine Teamarbeit zwischen Ulli und mir. Ein Wechselspiel, in dem wir uns wunderbar ergänzen. Wir denken darüber nach, welche anderen Formate wir noch anbieten könnten, um noch mehr Partner noch effektiver zu unterstützen und sie auf den Erfolgsweg zu bringen. Wenn du deine Partner selbst schulen und trainieren willst, bieten Online-Video-Calls unendlich viele Möglichkeiten. Entwirf dafür klare Inhalte, gib konkrete Zeiten vor, sodass deine Partner planen können und lade deine Partner alle ein.

Wir vermitteln beispielsweise bei Train-the-Trainer die Grundlagen zum Aufbau eines Network-Marketing-Unternehmens sowie Basiswissen, wie man Kontakte generiert. Wir erklären den Vergütungsplan von Young Living. Im Coaching dagegen arbeiten wir am unternehmerischen Denken und der Persönlichkeitsentwicklung. Wir haben auch produktlastige Trainings, bei denen sich jeder das nötige Grundwissen über die Inhalte und Wirkungsweisen aneignen kann. Es geht um sinnvolle Produktanwendungen der wichtigsten ätherischen Öle und Fragen wie: Wenn du ein bestimmtes ätherisches Öl gerade nicht vorrätig hast, welches andere könntest du empfehlen? Wir geben Beispiele für Anwendungen und erklären die wichtigsten Ölmischungen. Unser Bestreben ist es, unseren Partnern wertvolle Tipps zu geben, auch damit sie selbst gesund bleiben und anderen etwas Gutes tun können. Niemand muss Experte werden, denn man kann alles nachlesen. In der Zeit der Corona-Pandemie haben wir das sehr intensiv gemacht, weil die Menschen zu Hause bleiben mussten. Viele hatten Angst und wollten alles tun, um gesund zu bleiben.

Wir haben beispielweise in unserer Facebook-Gruppe Videos hochgeladen – kurze Clips mit hilfreichen Tipps – und haben eine unglaubliche Resonanz darauf bekommen. Solche Serviceleistungen sind innerhalb der eigenen Teams von großer Bedeutung. Daher empfehlen wir unseren Partnern, eigene Facebook-Gruppen zu gründen und dort Content zu geben, andere zu inspirieren, zu motivieren und Fragen zu beantworten.

Wir betrachten unser Netzwerk als eine Community und führen es dementsprechend. Dadurch ist es krisensicher. Jeder Anwender kann davon ausgehen, dass ein Produkt, was er empfohlen bekommt, genau seinen Bedürfnissen entspricht. Die Palette an ätherischen Ölen und Lifestyle Produkten ist so groß und vielfältig, dass für jeden etwas Passendes dabei ist. Diese Tatsache hat dazu geführt, dass unser Business trotz Corona-Krise, die viele Wirtschaftszweige in die Knie gezwungen hat, stark gewachsen ist. Das gibt uns ein gutes Gefühl. Damit unterscheidet sich Network-Marketing von allen anderen Unternehmensbereichen.

Wir sind immer wieder überrascht, welche gigantische Motivation es für die Leute in unserem Netzwerk ist, auf einen Bonus hinzuarbeiten. Young Living hat das erkannt und setzt ständig Anreize dafür, mehr Umsatz zu machen. Erreicht man ein bestimmtes Ziel, erhält man einen attraktiven Bonus. Selbst während der wirtschaftlich schwierigen Zeit war es bei Young Living möglich, schnell mal nebenbei zusätzlich 500 Dollar im Monat zu verdienen, einfach nur durch Incentives oder Bonusanreize. Wir lieben das, denn aufgrund unseres Ranges werden an die schönsten Plätze der Welt eingeladen. Jedes Jahr fliegen wir woanders hin. Zuletzt waren wir mit einem Kreuzfahrtschiff in Alaska zwischen den Eisschollen unterwegs. Das Jahr davor sind wir nach Australien gereist. Dafür strengen wir uns gerne an.

Offenheit – Basis des Geschäftsmodells

ULLI ERZÄHLT Network-Marketing ist eines der offensten Geschäftsmodelle der Businesswelt, denn man arbeitet mit unendlich vielen, unterschiedlichsten Menschen zusammen und hat es nicht in der Hand, mit wem. Es gibt keine Bewerbungs- oder Qualifizierungsgespräche, jeder schreibt einfach neue Partner ein. Wen man ins Netzwerk holt, hat man zwar noch in der Hand, aber welche Menschen derjenige dann ins Business bringt, ist völlig offen. Aus dieser Perspektive betrachtet ist Network-Marketing ein Business, das von allen Beteiligten viel Offenheit gegenüber Menschen erfordert. Wenn du sie nicht mitbringst, dann ist dieses Business nichts für dich. Was unter dir entsteht, entzieht sich deiner Kontrolle. Dennoch musst du als Leader mit allen Menschen arbeiten und dich mit ihnen auf einer positiven Basis auseinandersetzen.

Das bringt gleichzeitig unglaubliche Chancen mit sich, die du aber nur erkennen kannst, wenn du allen Menschen unvorbelastet entgegentrittst. Es bedeutet auch, dass du als Führungskraft lernen musst, mit jedem Menschen umzugehen, was ein großes Maß an persönlicher Entwicklung voraussetzt. Einer der wichtigsten Lernschritte in diesem Business ist, Vorurteile bei Seite zu räumen und neugierig auf jeden zuzugehen. Persönliche Animositäten haben bei uns nichts verloren. Neid und Eifersucht haben wir Menschen zwar von Geburt an in uns, doch man muss lernen, damit umzugehen. Neid hat in einem guten Netzwerk nichts zu suchen und wenn er dennoch vorhanden ist, darf er das Business nicht behindern.

Außerdem muss man lernen, sich von denen, die einem aus Neid oder Eifersucht nicht wohlgesonnen sind, innerlich abzugrenzen und stets eine neutrale Kommunikationsebene zu suchen. Das ist manchmal nicht ganz einfach. Wir dürfen, nein, wir müssen uns innerlich von Menschen, die uns nicht guttun, abgrenzen. Gerade in unserem Business, in dem es ab und an ziemlich rau zugeht. Das ist eine Kunst, die wir versuchen, im Coaching zu vermitteln. Das üben wir mit den Teilnehmern. Du siehst, eine Netzwerkorganisation hat auch heikle Aspekte. Wenn es heikel wird, bist du als Führungskraft gefordert, mit diesen Menschen richtig umzugehen.

Network-Marketing ist Persönlichkeitsentwicklung pur, auf allen Ebenen. Je mehr dein Business wächst, desto mehr Leadership-Qualitäten brauchst du. Daher solltest du dir vor dem Start ein paar Fragen stellen: Wie gehe ich mit Menschen um? Wie motiviere ich sie? Wie kann ich andere in einer schwierigen Phase begleiten? Manche deiner Teammitglieder werden von ihrem Partner verlassen, verlieren ihren Job oder ihre Eltern sterben – im Leben geschehen permanent traurige Dinge. Auch in solchen Fällen bist du als Freund und als Führungspersönlichkeit gefragt, um weiterzuhelfen. Im Network-Marketing kannst du dir zwar aussuchen, wann, wo und wie lange du arbeitest, aber mit wem du es tust, liegt nur bedingt in deiner Hand. Es gibt immer Menschen, die dir nicht guttun, dich nicht mögen, neidisch oder eifersüchtig sind. Wenn du innerlich darauf vorbereitet bist, wird dir der Umgang mit ihnen keine Energie rauben. Ich als Frau habe die innere Stärke, mich gegen solche Menschen abzugrenzen.

Es gibt ein passendes Sprichwort: Mitleid wird dir nachgeschmissen, Neid musst du dir hart erarbeiten. Das trifft den Kern der Sache. Darum habe ich mir ein etwas dickeres Fell zugelegt, vor allem wenn ich neue Kontakte knüpfe. So kann ich besser neue Partner gewinnen. Wenn ich heute von jemandem eine Absage kassiere, ist das kein Weltuntergang. Es tut nicht weh, ein „Nein" zu bekommen. „Nein" ist nur ein Wort, mir kann nichts passieren.

Organisation – die zweite Säule

Offenheit ist eine Sache, Organisation eine andere. Das „O" in POWER-Prinzip steht für beides. Um den Überblick über deine Strukturen, deine Kontakte und deine Umsätze zu behalten, brauchst du eine gute Organisation. Wäre ich nicht gut organisiert, könnte ich wahrscheinlich meinen Alltag nicht bewältigen, weder im Business noch privat.

Als Angestellter ist das Leben einfacher: Du hast einen vorgegebenen Tagesablauf, feste Arbeitszeiten, einen Chef und Aufgaben, die du zu erledigen hast. Dein beruflicher Alltag läuft wie auf Eisenbahnschienen. Sobald du dich als Selbstständiger organisieren musst, wird es herausfordernd. Du bist selbst dafür zuständig, deinen inneren Schweinehund zu überwinden.

Es gibt niemanden mehr, der dich von außen antreibt, das musst du selbst machen. Bestimmt kennst du das: Dir fallen tausend andere Sachen ein, bevor du dich hinsetzt und konzentriert arbeitest – da rufen die Kinder, da steht noch der Abwasch, da wartet die Wäsche in der Waschmaschine. Es fällt dir etwas ein, das du unbedingt noch recherchieren wolltest und ehe du dich versiehst, hast du dich in den Fängen des Internets verloren. Darum ist ein gewisser organisatorischer Ablauf unglaublich wichtig, um etwas zu schaffen.

Eine große Hilfe ist das virtuelle Office, das du als Partner von Young Living kostenlos zur Verfügung gestellt bekommst, sobald du eingeschrieben bist. Dort gibt es die Übersicht über alle Umsatzaktivitäten. Zu Beginn siehst du da noch nicht viel außer deinem eigenen Umsatz. Aber sobald du deine ersten Partner eingeschrieben hast, sind deren Umsätze sichtbar, deren Bestellungen, deine eigenen und alle Abrechnungen. So kannst du deinen Umsatz und den deiner Partner planen. Du siehst, welche Sonderaktionen es in einem Monat gibt und wie der Vergütungsplan aufgebaut ist. Wir erklären neuen Partnern immer genau, wie das alles funktioniert und was sie in diesem virtuellen Office machen können.

Dazu gibt es ein Schulungsvideo. Zudem gibt es zahlreiche Power-Point-Präsentationen zu allen wichtigen Themen, die Young Living seinen Partnern zur Verfügung stellt. Sie enthalten alle Informationen zu Young Living, den Produkten und Möglichkeiten im Unternehmen.

Der nächste Organisationsaspekt ist, deinem Tag Struktur zu verleihen. Das Wichtigste für mich ist, mich direkt zu Beginn des Tages zu organisieren. Zuerst stelle ich mir eine ABC-Prioritätenliste zusammen und vermerke die fünf wichtigsten Dinge, die ich an diesem Tag erledigen will, mit Priorität A. Die nächsten fünf, etwas weniger dringenden Aufgaben ordne ich Kategorie B zu, die nicht ganz so wichtigen fünf Vorhaben unter C. Wenn ich diese Dinge auch schaffe, ist es super, wenn nicht, erledige ich den Rest von B und C in den nächsten Tagen. Solange ich jedoch A nicht abgearbeitet habe, mache ich nichts anderes. Wenn ich eins dieser Projekte dennoch nicht schaffe, dann schiebe ich es am nächsten Tag wieder auf Priorität A.

Dieses strikte Listendenken sorgt dafür, dass ich nichts vergesse; es ist Basis meines Arbeitskonzepts. Ich schreibe nie mehr als fünf Dinge in jede Kategorie, sonst wird es zu viel. Mit dieser Struktur kann ich die Ablenkung auf ein Minimum reduzieren. Für mich ist Ablenkung der größte Feind der Selbstständigen. Mich selbst eingeschlossen. Das Erste, was ich morgens nach dem ausgiebigen Frühstück mache, bei dem Vijay und ich alle aktuellen Dinge besprechen, ist mein virtuelles Büro zu öffnen und in meine Umsatzübersicht zu schauen: Wo steht der Umsatz heute? Was tut sich in meinen Teams? Wo müssen noch Bestellungen gemacht werden? Wer braucht Hilfe? Wer war fleißig? Wie schaut es mit den neuen Kontakten aus? Wo gibt es Handlungsbedarf?

Um die Kontakte zu pflegen und keinen zu verlieren oder zu vergessen, haben wir ein Mappen-System entwickelt, das wir auch unseren Partner empfehlen. Viele Partner haben ein Problem damit, ihre Kontakte professionell zu verwalten.

Unser Mappen-System besteht aus zwei Mappen: Eine hat ein Register von 1 bis 31, also ein Fach für jeden Tag. Jeder Kontakt kommt in diese Mappe, und zwar zu dem Datum, an dem ich wieder mit demjenigen sprechen möchte, egal ob er auf einem Zettel, einer Visitenkarte oder irgendwo anders notiert ist. Ich überlege und notiere vorher, wann rufe ich ihn wieder an? Was hatten wir vereinbart? Worüber sprechen wir konkret? Ein Beispiel: Ich lerne jemanden kennen und bekomme seine Visitenkarte. Das ist für mich ein potenzieller Interessent. Er weiß es zwar noch nicht, aber ich werde ihn bei passender Gelegenheit wieder kontaktieren. Damit ich das nicht vergesse, hefte ich die Karte an einen Zettel und mache mir dazu ein paar Notizen über unser Gespräch. Dieses Blatt lege ich als Erinnerung beispielsweise in einem bestimmten Tag der nächsten Woche in der Mappe ab. Meistens rechne ich mit einer Zeitspanne von einer Woche, bis ich mich wieder melde, es sei denn, wir haben etwas anderes vereinbart. Jeden Tag öffne ich diese Mappe am entsprechenden Datum und arbeite alle dort befindlichen Kontakte ab.

Das mache ich sehr konsequent. Auf diese Weise vergesse ich niemanden. Nach jedem Gespräch verschiebe ich die Kontaktzettel wieder und sie bleiben so lange in der Mappe, bis derjenige zum Partner oder zum Kunden geworden ist. Das ist eines meiner täglichen To-do's. Ich nehme grundsätzlich jeden Kontakt ernst, denn jeder einzelne könnte zum hochkarätigen Partner in meinem Netzwerk werden. Man weiß das vorher nie.

Wenn jemand bei meinem Anruf aber sagt, dass es ihm gerade überhaupt nicht passt und ich ihn erst in ein paar Monaten wieder anrufen soll, dann hole ich eine zweite Mappe hervor. Diese hat ein Register von eins bis zwölf – eine Karte für jeden Monat. Dort hinein stecke ich den Kontaktzettel bei dem Monat, in dem ich denjenigen wieder kontaktieren soll. Nach jedem Telefonat mache ich mir zudem handschriftlich eine kurze Notiz, sodass ich weiß, was wir besprochen haben.

Bei der Kontaktpflege haben die meisten Networker Handlungsbedarf für mehr Struktur. Wie leicht verliert man einen Menschen auf diesem Weg? Dieser landet dann vielleicht ein paar Jahre später in einem anderen Netzwerk. Und das nur, weil du zum falschen Zeitpunkt mit ihm gesprochen hast. Hättest du hingegen den losen Kontakt auch über Jahre hinweg aufrechterhalten, wärst du sofort zur Stelle gewesen, wenn er plötzlich das Network-Marketing-Business für sich entdeckt hätte. Manchmal dauert es sehr lange, manchmal ist es auch ein aufwändiger Weg, einen neuen Partner zu gewinnen. Manche brauchen viel Zeit. Aber die, die lange brauchen, haben manchmal auch sehr gute Kontakte im Hintergrund. Also bleib' an jedem dran.

Um den Erfolg unseres Business nicht dem Zufall zu überlassen, haben wir uns klare Ziele gesetzt und arbeiten seit vielen Jahren mit einem Zielplan. Darin halten wir fest, was wir in unserer Organisation erreichen wollen – in diesem Monat, in diesem Jahr. Sich das anzugewöhnen, kann dich weit nach vorne katapultieren. Überlege, wie viele Kontakte möchtest du knüpfen? Wie viele Leute in deinem Team einschreiben? Welchen Umsatz willst du erreichen? Ziele kann man nur erreichen, wenn man welche hat. Deshalb definiere sie vorab und anschließend unterteile sie in einzelne Schritte. Plane sie zeitlich genau, dann weißt du immer, wo du stehst. Wenn du ein Ziel, aber keinen Plan dazu hast, handelt man manchmal ins Blaue hinein. Wenig effektiv. Am besten überlegst du jeden Morgen, welches Teilziel du an diesem Tag erreichen willst. Das hältst du in deinem Zielplan fest.
Am Abend kontrollierst du, ob du es geschafft hast. Auf diese Weise hast du deine Ziele stets im Auge und kommst ihnen Schritt für Schritt näher.

Ein weiteres Tool, das wir zu Beginn gerne empfehlen, ist der ELEVATOR PITCH. Dieser ist eine kurze Präsentation von maximal 30 Sekunden bis 1 Minute. Elevator steht für den Aufzug, weil es in etwa genau die Zeit ist, die man in einem Aufzug verbringt. Der Elevator Pitch ist eine Art von Präsentation, die dir vor allem in der Anfangszeit deines Business dabei helfen kann, Hemmungen abzubauen. Ein Hilfsmittel, das du sicher nicht lange brauchen wirst, denn in unseren Augen ist es ein recht plumpes Werkzeug. Betrachte ihn daher als eine Art Krücke und wenn du dann laufen kannst, legst du sie weg. Zu Beginn, wenn du noch keine Erfahrung und vielleicht auch etwas Angst davor hast, fremde Menschen anzusprechen, kannst du deinen Elevator Pitch einstudieren, um dir die Kontaktaufnahme zu erleichtern. Doch grundsätzlich plädieren wir dafür, intuitiv und individuell mit Menschen zu arbeiten. Nur so kannst du die ganze Persönlichkeit deines Gegenübers und die Situation im jeweiligen Augenblick erfassen. Das kann ein Elevator Pitch nicht. Er erfasst nur deine Botschaft nach außen, nicht aber den Menschen, der dir gegenübersitzt. Doch geht es nicht in erster Linie um die Beziehung zwischen zwei Menschen? Zwischen mir, der ich eine Botschaft habe, und dem anderen, den ich erreichen will? Dabei bin ich zunächst völlig unwichtig, das Gegenüber zählt.

Es geht immer um den Kunden. Ich habe an anderer Stelle die richtige Gesprächsführung schon beschrieben. Schau, dass du ihr immer treu bleibst, dann ist jedes Gespräch von Erfolg gesegnet. Ein Elevator Pitch kann eine Stütze sein, wenn du zu Beginn eines Gesprächs mit einem Fremden nicht weißt, was du sagen sollst. Dann studierst du einen Satz ein, der für dich stimmig ist. Doch je mehr Übung du darin hast, Gespräche zu eröffnen, und je begeisterter du bist, desto weniger brauchst du einen Elevator Pitch. Darum miss ihm nicht allzu viel Bedeutung bei.

Bei mir war es so, dass ich irgendwann so begeistert vom Network-Marketing mit Young Living war, dass ich alles wissen wollte, alle Hintergründe, alle Details. Plötzlich konnte ich auf jede Frage schlagfertig antworten, mir sind gute Gesprächseinstiege nur so zugeflogen, sodass ich nicht mehr auf meinen Elevator Pitch angewiesen war.
Ich hatte studiert, welche Produkte ich wofür einsetzen kann und welchen Nutzen ich den Menschen gleichzeitig damit verkaufen kann. Ich kannte das Vergütungssystem, hatte es in allen Details verstanden und konnte es gut erklären. Doch darauf kam es, so habe ich schnell erkannt, gar nicht an. Im Network-Marketing verkaufen wir einen Nutzen. Das Produkt ist nur die Folge des Nutzens. Wenn du dich mit sämtlichem Nutzen der Produkte beschäftigst, also Lösungen anbieten kannst, rutscht

der Elevator Pitch sukzessive in den Hintergrund und in meinem Fall haben ihn meine Begeisterung und mein Wissen ersetzt. Vijay hat recht, wenn er davon abrät, sich zu sehr auf einen Elevator Pitch zu verlassen. Das impliziert immer eine gewisse Absicht. Viel spannender ist es, mit Menschen zu reden, ohne dass ich etwas von ihnen will. Wenn Menschen spüren, dass man ihnen etwas verkaufen will, machen sie innerlich sofort einen Schritt zurück.

Durch das Reden lässt sich eine vertrauensvolle Beziehung aufbauen, die ich später, mit Hilfe des Mappen-Systems und regelmäßigen Kontaktpunkten, vertiefe. Erst später gehe ich auf Lösungen oder Nutzen ein. Vijay hat die von ihm entwickelte Gesprächsführung eindrucksvoll beschrieben. Wenn mir bei zwanglosen Gesprächen die Menschen viel erzählen, finde ich immer einen Ansatzpunkt, um das Gespräch auf ein Produkt oder das Business zu lenken. Für uns ist das der Standardweg des Business-Aufbaus und der Partnergewinnung. Wir arbeiten situationselastisch, denn es kommt immer darauf an, wer dir gegenübersitzt. Was ist das für eine Person? Privat? Ein Business-Mensch? Welche Ansichten hat sie? Was bedrückt sie? Was bewegt sie? Ist es ein einfacher Mensch oder eine hochgebildete Persönlichkeit? In den meisten Fällen passt bei solchen Gesprächen ein Elevator Pitch nicht rein.

Vijay und ich hören nur auf unser Gefühl. Wenn ich zum Beispiel gefragt werde, was ich beruflich mache, – die typische Einstiegsfrage für ein Gespräch – antworte ich in der Regel, dass ich mit einem amerikanischen Milliarden-Unternehmen zusammenarbeite, das gerade in Europa expandiert. Das ist eine sehr plakative Aussage. Mehr sage ich zunächst nicht. Ich lasse erst mal den anderen wieder zu Wort kommen, sodass ich mehr Informationen über ihn bekomme. Ich erzähle in solch einer Situation niemals, dass ich im Network-Marketing tätig bin und schon ein großes Team habe. Das interessiert niemanden. Mein Gegenüber will in der Regel zuerst sich selbst und sein Business verkaufen. Also frage ich den anderen, was er macht, wie erfolgreich er ist, was sein Anliegen ist. Dann soll er reden, bis ihm nichts mehr einfällt. Wenn ich so lange zuhöre, kommt schon der passende Moment für mich.

Wenn du dir dennoch einen Elevator Pitch zurechtlegen willst, um dich sicherer zu fühlen, überlege dir, in welchen Situationen du ihn gebrauchen könntest. Wo bewegst du dich, wo triffst du neue Menschen? Beim Sport, auf dem Spielplatz, in der Eltern-Kind-Gruppe, beim Einkaufen, beim Radfahren, im Chor? Dann sammle diese Situationen und uberlege dir für jede einen kurzen Elevator Pitch oder noch viel besser ausgedrückt, einen Einstiegssatz. Das könnte zum Beispiel sein: „Ich finde es großartig, wie Sie mich beraten haben. Sie haben so einen einzigartigen Zugang zu Menschen. Sind Sie zufrieden in Ihrem Job?" Dann fange ich an zu plaudern. Wichtig ist, dass dein erster Satz auf keinen Fall den Namen von Young Living beinhalten darf oder das Wort Network-Marketing.

Du brauchst keine Angst davor zu haben, neue Kontakte zu knüpfen, egal ob online oder offline. Es ist ganz einfach. Du plauderst doch sonst auch mit vielen Menschen, mit Bekannten, Freunden, Familienmitgliedern, hörst ihnen zu und erfährst, welche Gedanken, Probleme oder Herausforderungen sie gerade haben. Bei Fremden muss das nicht anders sein. Du plauderst, hörst zu und baust dadurch eine emotionale Verbindung auf, indem du bestätigst, dass du das Problem kennst und sie verstehen kannst.

Wenn du sagst, dass du schon mal ein ähnliches Problem selbst lösen musstest, kann das eine neugierige Reaktion deines Gegenübers auslösen. Warte die ab. Präsentiere niemals ungefragt eine Lösung. Das klingt nach Besserwisserei. Lass den anderen danach fragen. Idealerweise kannst du ihm dann ein Öl empfehlen und erzählen, wie es dir geholfen hat. Deine Gesprächspartner müssen auch nicht unbedingt Fremde sein. Sprich deine Freunde an, sprich mit deiner Familie, mit Kollegen, mit Bekannten. Darunter sind bestimmt einige Menschen, die du fürs Network-Marketing begeistern kannst, wenn sie sich – genau wie du – ein eigenes Business aufbauen möchten. Schon wenn du zwei Menschen für dein Netzwerk gewinnst, hast du zwei Teams unter dir.

Sprich mit ihnen und zeige ihnen, wie Network-Marketing funktioniert, sodass sie dich und dein Verhalten duplizieren können. Angenommen, deine beste Freundin ist genauso begeistert von den Ölen wie du, trägt sich unter dir ein und will sich unbedingt ein Business aufbauen. Sie spricht ihre Freunde an. Die tragen sich dann unter ihr ein, am besten in mehreren Teams. So entsteht die Struktur deines Netzwerks. Je mehr Menschen sich in eine Linie unter dir eintragen, desto breiter wird die erste Ebene und umso mehr Leader können sich direkt in deinem Team herauskristallisieren, die jeder wiederum eine Organisation aufbauen. Dabei geht es nur darum, mit möglichst vielen Menschen in Kontakt zu kommen und Vertrauen aufzubauen. Das Interesse an den Menschen öffnet dir ihre Herzen. Wenn du dich wirklich für sie interessierst, ist es ganz einfach. So mache ich das.

Beim nächsten Mal weiß ich schon etwas über sie. Sie staunen manchmal, weil ich mir Details gemerkt habe und freuen sich darüber. Denk niemals darüber nach, wie du bei deinem Gegenüber ankommst. Sei einfach du selbst.

Du brauchst keine Angst davor zu haben, andere anzusprechen.

„Vergiss deine Angst vor Ablehnung. Angst ist nur ein Gedanke in deinem Kopf, der da nicht hingehört".

Lass ihn ziehen. Menschen sagen nicht „Nein" zu dir als Person, sondern zu dem, was du erzählst. Das tut nicht weh, wenn du es nicht persönlich nimmst. Vielleicht passen die Öle gerade nicht ins Leben des anderen. Das ist alles. Macht doch nichts. Wir vergessen oft, dass wir soziale Wesen sind. Wir sind zwar höflich, aber nicht emotional und manchmal nehmen wir unser soziales Umfeld gar nicht wahr, weil wir nicht im Augenblick präsent sind. Leg darum im Café mal das Handy zur Seite und nimm wahr, wer außer dir noch da ist und vielleicht auch allein dasitzt. Ergibt sich eventuell eine Gelegenheit, mit diesem Menschen zu sprechen? Je öfter du das machst, desto leichter wird es dir fallen, neue Gespräche zu eröffnen. Die meisten

Kontakte entstehen im Alltag, und mal ehrlich, wir Frauen können das doch sehr gut. Wir sprechen mit fremden Müttern im Kindergarten, in der Schule, im Supermarkt. Ein Kontakt muss gar nicht länger als ein paar Minuten dauern. Nutze jede Gelegenheit, in der du neue Menschen kennenlernen kannst. Das, was du jetzt anders machst als vorher, ist den Kontakt zu halten, nach der Nummer oder Visitenkarte zu fragen, um sich mal zu einem Kaffee oder Telefonat zu verabreden.

Denke nur daran: Bitte niemals am Ende des ersten Gespräches ein Angebot machen oder vom Business zu reden. Das verschreckt die Leute. Nimm dir Zeit, um den Kontakt aufzubauen, zu pflegen und eine Vertrauensbasis zu schaffen. Wenn dieses erste Gespräch vorbei ist, mach dir darüber Notizen und schreib deine Gedanken dazu auf. Diese Aufzeichnungen kommen in deine Mappe. Terminiere, wann du mit diesem Menschen erneut sprechen oder sie treffen willst.

Vielleicht hast du auch für dich selbst einen Verbesserungsvorschlag für das nächste Gespräch? Mach dir eine Liste, auf der du solche Gedanken notierst, und lege sie ins erste Fach deiner Mappe. So wirst du von Mal zu Mal besser und sicherer.

Heutzutage werden viele Kontakte online in den sozialen Medien geknüpft. Facebook ist für mich eine der besten Plattformen, um Kontakte zu sammeln. Ich bin sehr aktiv darin. Mich interessiert, was andere Menschen posten, was in ihrem Profil steht und was sie alles machen. Wenn mich jemand anschreibt, schaue ich mir sein Profil sehr genau an und überlege mir, ob ich mit ihm befreundet sein will oder nicht. Ich recherchiere recht viel, denn ich möchte nur gute Kontakte haben. Gute Schlüsse kann ich aus Kommentaren zu den Posts anderer sehen, kann anhand derer beurteilen, welchen Freundeskreis diese Menschen haben und auf welchem Niveau sie sich bewegen. Erst kürzlich habe ich einen Kommentar gefunden, der so witzig war, dass ich auf das Profil des Kommentators gegangen bin und es mir genau angeschaut habe. Auf diese Weise komme ich von einem zum nächsten. Es gibt so viele interessante Menschen, aber auch jede Menge gesponserter Beiträge und Werbung.

Die Kommentare darunter schaue ich mir wahnsinnig gerne an. Daran sehe ich sofort, welchen Intellekt der Verfasser hat und wie aufgeschlossen er ist. Das ist etwas, worauf ich gerne eingehe und es dann selbst kommentiere. Davor besuche ich aber das Profil des Schreibers und nehme es unter die Lupe. Wenn es mir gefällt, schicke ich ihm eine Freundschaftsanfrage. Oft beginnt daraufhin ein Dialog, weil der andere wissen will, wer ich bin und warum ich mit ihm befreundet sein möchte. Dank dieser Strategie ist auch mein Profil sehr gut besucht. Es ist rein privat, es steht nichts über Young Living oder die Öle darin. Nur wenn wir eine große Veranstaltung ausrichten, poste ich das. Dann fragen mich die Leute, was ich beruflich mache. Meistens brauche ich nicht viel zu tun, um in die Interaktion zu kommen. Wenn mir jemand eine Freundschaftsanfrage stellt und ich sehe, dass derjenige noch nicht in meinem Team ist, frage ich ihn, warum er mit mir befreundet sein will.

Es gibt unzählige Strategien, um einen Facebook oder Instagram-Account aufzubauen. Manche Networker löschen sogar all ihre Freunde von ihrem Profil, um mehr Platz für neue Kontakte zu haben. Das mag ich persönlich nicht. Dann baue ich mir lieber einen neuen Account auf. Im Prinzip verfolge ich online in den sozialen Medien die gleiche Strategie, um Kontakte zu knüpfen und Partner zu gewinnen, wie im direkten Kontakt: Erst einmal ins Gespräch kommen, den anderen kennenlernen, hören wer er ist, welche Sorgen oder Lebensgewohnheiten er hat, Vertrauen schaffen. Erst wenn das da ist, bringe ich die Öle oder andere Produkte ins Spiel, oder besser gesagt, zeige ich Lösungen für die Probleme meines Gegenübers auf. Online wie offline solltest du immer du und authentisch bleiben.

VIJAY ERZÄHLT Ein weiterer Schritt, um unser Unternehmen noch besser zu organisieren, ist die Digitalisierung wichtiger Abläufe. Ulli und ich sind dabei, die Automatisierung zahlreicher Hintergrundprozesse zu realisieren und bauen dafür mithilfe von Experten ein sensationelles System auf. Während wir dieses Buch schreiben, wird die notwendige Technik in einem Eilzugtempo aufgerüstet und wir merken, wie sehr sie uns in vielen Bereichen entlasten wird. Ab einer gewissen Businessgröße ist es wichtig, diese Möglichkeiten zu nutzen. Was da gerade in unserem Unternehmen passiert ist gigantisch, einfach irre. Allein durch die Trainings, die wir anbieten, das Nacharbeiten und die Services für unsere Partner fällt richtig viel Arbeit an und da ist es gut, dass dafür Strukturen geschaffen werden. Wir haben uns gezielt Freiräume geschaffen, um uns mit den neuen Technologien befassen zu können.

Auch das ist eine wichtige Maßnahme, über die du regelmäßig nachdenken solltest: Hast du genügend Zeit, um an der Struktur deines Unternehmens zu arbeiten oder hetzt du einem Kontakt nach dem anderen nach und bist nur noch im-, anstatt fürs Unternehmen tätig? Beides ist wichtig und beidem darfst du Raum und Zeit widmen.

Um mir einen Überblick über die Möglichkeiten von Automatisierung zu verschaffen, bin ich bei jedem Meeting dabei, höre zu und lasse mich inspirieren. Was ich dann brauche, sind Raum und Zeit, um alles zu durchdenken und konzeptionell zukunftsorientiert umzusetzen.

Nicht nur für den Prozess an sich, sondern auch, um positive strukturelle Auswirkungen auf unser gesamtes Unternehmen gedanklich erfassen zu können. Es gibt noch einiges, was an unserer bestehenden Struktur verbessert werden muss, damit sie trotz der ständig wachsenden Zahl unserer Partner auch morgen noch zukunftstauglich ist. So entstand die eigene App, welche die Automatisierung unterstützt.

ULLI ERZÄHLT Wenn ich sehe, mit welch intensivem Einsatz und mit wie wenigen Menschen Vijay und ich unsere Unternehmensstruktur aufgebaut haben, bin ich schon sehr stolz auf uns. Doch nun, da wir uns entschlossen haben, moderne Technologie und Online-Marketing in unser Business einziehen zu lassen, merke ich erst, wie viel Optimierung nötig ist.

Das erfordert neben einem großen finanziellen Einsatz auch unendlich viel Denkarbeit. Wir haben uns die besten Spezialisten auf diesem Gebiet ins Haus geholt, doch die müssen mit Informationen „gefüttert" werden. Ich bin sehr dankbar, dass Vijay diese Arbeit der Spezialisten durch sein Visionsdenken unterstützt. Wir sehen, wie viel möglich ist, wenn man sich auf Automatisierung einlässt. Es ist großartig.

Auch unser Wachstum lässt sich damit planen. Ich hätte beispielsweise gern ein Team in Afrika. Das lassen wir in den Automatisierungs-Prozess einfließen. Vijay hat so viele Ideen, wie wir international wachsen könnten. Dazu muss die Grundstruktur stehen. Er hat beispielsweise vor, unsere Unterlagen in die jeweiligen Landessprachen der Staaten, in denen wir schon aktiv sind oder noch aktiv werden wollen, übersetzen zu lassen. Das ist zwar ein unglaublich großer Aufwand, der viel Zeit und Energie kostet, doch den nehmen wir gern auf uns, weil wir großes Potenzial sehen, um Young Living noch bekannter und erfolgreicher zu machen. Wir bauen das internationale Image des Unternehmens gezielt auf. Davon profitieren alle unsere Partner und wir natürlich auch.

VIJAY ERZÄHLT Ulli ist unsere Expertin, wenn es darum geht, Leute einzuschreiben. Sie zeigt ihnen die ersten Schritte der Einschreibung und empfiehlt ihnen, sich einzuschreiben und das Starterset zu bestellen.
Das Einschreiben ist absolut kostenlos, aber das Paket, das normalerweise 360 Euro kostet, bekommen unsere Partner für die Hälfte des Preises. Es enthält alles Notwendige, um die Öle oder andere Produkte auszuprobieren. Je nachdem, auf was der Interessent sich fokussiert, gibt es ein Starterset für einen chemiefreien, ökologischen Haushalt und eines für die Gesundheit. Dafür haben wir ein Wellness-Starterset mit antioxidativen Substanzen. Wenn jemand von den ätherischen Ölen begeistert ist, kann er das Öl-Set bestellen und ausprobieren. Ulli schafft die Basis, um den Interessenten das Einschreiben zu erleichtern. Ein Kundenkonto bei Young Living zu erstellen, ist so einfach wie bei jedem Onlineshop. Dann legt man sich das Starterset in den Warenkorb. Das Wichtigste, was

der Interessent noch zu tun hat, ist seine Zahlungsmethode zu wählen und die Bestellung abzuschließen. Ulli schafft Grundlagen für einen einfachen Onboarding-Prozess, wie wir es nennen. Dabei ist es egal, ob die Leute nur an den Produkten oder an Produkten und Network-Marketing-Business interessiert sind. Wer eingeschrieben ist, erhält die Produkte günstiger und muss sich sonst um nichts kümmern. Ulli unterstützt neue Partner und sorgt so dafür, dass sie sich wohl fühlen.

Diese Strategie kostet uns zwar etwas Zeit, aber dieser Service macht vielen die Entscheidung, sich einzuschreiben, sehr viel einfacher. Sie schaut am nächsten oder übernächsten Tag in ihrem virtuellen Office nach, ob die Bestellung tatsächlich durchgeführt wurde. Wenn nicht, ruft sie den Interessenten an und fragt nach, ob sie noch irgendwo helfen könne oder ob er noch keine Zeit gehabt habe, um die Bestellung abzuschließen. Sind noch Fragen offen, klärt sie diese am Telefon und führt anschließend meist gemeinsam mit dem Partner die erste Bestellung aus. Fertig. Ein neuer Partner ist an Bord. Der braucht nichts mehr zu tun, denn Ulli hat den Start perfekt vorbereitet. Doch auch nach der ersten Bestellung lassen wir neue Partner nicht allein und vermeiden damit einen Fehler, den viele Networker machen.

Wir beenden die Betreuung nicht nach der ersten Bestellung, sondern nehmen ihn mit, in einen Prozess des Trainings und des Coachings, der ihn schult und fit für den Erfolg macht. Das entscheidet jeder natürlich selbst, wie viel er lernen möchte.

ULLI ERZÄHLT Auch wenn Vijay und ich jetzt viel automatisieren, ich begleite weiterhin die Interessenten durch den Einschreibprozess. Ein kleiner Service, der sehr geschätzt wird. Für mich sind das nur ein paar Mausklicks und ich zeige neuen Teammitglieder später noch genau, wie sie das für ihre eigenen Kontakte später machen können. Wenn sich jemand mit seiner eigenen Firma einträgt und eine Umsatzsteuer-ID-Nummer hat, spart er sogar die gesetzliche Mehrwertsteuer beim Kauf der Produkte, weil der Unternehmenssitz von Young Living in den USA ist.

In einem zweiten Schritt zeige ich neu eingeschriebenen Partnern, wie sie sich eine personalisierte Website erstellen können, auf die sie anschließend ihre Interessenten leiten können. Auf dieser können sich ebenfalls Interessierte einschreiben und online Produkte bestellen. Diese Website ist bei Young Living – im Gegensatz zu fast allen anderen Network-Marketing-Unternehmen – kostenlos und einfach einzurichten. Ich rate jedem neuen Partner, sich als Enroller einzutragen. Das zahlt sich aus – im wahrsten Sinne des Wortes. Bevor du jemanden einträgst, schaue genau, in welches Team er gut hineinpassen würde. Denke strategisch und platziere mit Bedacht, baue in die Tiefe genauso wie in die Breite. Anschließend informierst du die entsprechenden Partner darüber, dass du jemanden in ihrem Team eingetragen hast.

Weitblick haben

Wir planen und arbeiten immer mit Weitblick. Das hat sich bis jetzt sehr bewährt. Weitblick zu haben ist ein wahnsinnig spannendes und wichtiges Thema, das häufig unterbewertet wird. Weitblick verleiht dir, wie das Wort schon sagt, ein weites Blickfeld, in diesem Falle für den Umgang mit Menschen und außerdem die notwendige Klarheit im unternehmerischen Sinne. Wenn du diese beiden Faktoren vereinst, nimmst du alles um dich herum als Gesamtbild wahr und beziehst sämtliche wichtige Faktoren in dein Handeln ein. Im Network-Marketing ist Weitblick noch wichtiger als bei anderen Unternehmen, weil die Arbeit in diesem Falle in direktem, intensivem Kontakt mit anderen Menschen geschieht. Diese zu begeistern, zu unterstützen und zu fördern sind die wichtigsten Aufgaben, denn das gesamte Unternehmen wird im Network-Marketing mit Fremden aufgebaut.

Doch nicht nur in geschäftlicher Hinsicht ist Weitblick von Vorteil, unserer Meinung nach sollte jeder Mensch ein ganzes Leben lang von Weitblick begleitet werden. In jedem Bereich. Wir begegnen immer wieder Menschen, die diese Fähigkeit nicht besitzen und nicht über ihren Tellerrand hinausschauen. Das sind Menschen, die nicht riskieren, aus ihrer Komfortzone herauszutreten. Dann wird ihre Welt klein.

Wenn du Weitblick hast, werden sich unzählige Türen öffnen. Glaube mir, du wirst neugierig an alles herangehen, was dir begegnet. Du bist viel offener allen Dingen des Lebens gegenüber, wodurch deines spannender wird und lauter pulsiert.

Mit Weitblick zu erkennen, was im Leben alles noch möglich ist, ist einfach großartig. Als ich noch ein Kind war, bin ich nie mit meinen Eltern in den Urlaub, oder weiter weggefahren. Das gab es bei uns nicht. Ich hätte es als Jugendliche nie für möglich gehalten, dass ich jemals die Welt sehen würde. Als ich sie dann zum ersten Mal gesehen habe, in ihrer ganzen Weite und Aufgeregtheit und mit all den Möglichkeiten, war ich überwältigt und mir wurde plötzlich bewusst, wie aufregend das Leben sein kann. Doch wenn man so viel reist wie Vijay und ich, stellt man manchmal auch fest, wie klein die Welt doch in Wirklichkeit ist. Wenn wir beispielsweise für Young Living in den USA oder in Asien unterwegs sind, haben wir nicht das Gefühl von Ferne, sondern spüren auf eine gewisse Art und Weise, dass wir Menschen alle eng miteinander verbunden sind. Das ist kaum mit Worten zu erklären. Man fliegt Tausende von Kilometern weit weg von zu Hause, ist in den unterschiedlichsten Ländern der Erde unterwegs, sieht all die Schönheit der verschiedenen Kulturen, und doch ist da etwas auf der menschlichen Ebene, ein unsichtbares Miteinander, das uns alle verbindet. Das finde ich faszinierend.

Seitdem ich das erlebt habe, gibt es für mich keine Grenzen mehr in meinem Kopf und keine Beschränkungen in meinem Denken, Handeln und Umgang mit anderen. Unser ganzes Leben ist geprägt von dieser Verbundenheit, egal wo wir sind. Ich fühle mich überall zu Hause.

Wir haben dank unseres globalen Young-Living-Netzwerks auf jedem Fleck der Erde Freunde. Wir sind eine große Weltfamilie. Wo wir auch hinkommen, finden wir neue Freunde. Sie alle laden uns ein, sie zu besuchen. Wir selbst haben häufig internationale Gäste bei uns in Österreich. Dieses kosmopolitische Denken ist für uns eine Form von Weitblick. Dies bedeutet für mich außerdem, überall Möglichkeiten zu sehen. Das macht unser Business so spannend. Überall gibt es neue Chancen, Partner zu finden, neue Teams aufzubauen, Menschen für Business und Erfolg zu begeistern. Mit Young Living tun sich ständig neue, unfassbare Möglichkeiten auf, wir dürfen einfach zugreifen, wenn wir sie erkennen. In den vielen Jahren, die wir nun schon im Network-Marketing arbeiten, haben wir unseren Blick dafür geschärft.

Mit diesem Weitblick lässt sich theoretisch die ganze Welt erobern, denn unser Business trifft rund um den Globus auf begeisterte Menschen, die gern zu Partnern werden wollen.

VIJAY ERZÄHLT Ulli hat recht. Weitblick ist, auf's Business bezogen, der entscheidende Faktor, um zu wachsen. Nur wer Chancen sieht, kann sie ergreifen. Sie liegen auf der Straße, direkt vor dir. Diesen Business-Weitblick kannst du lernen und ich glaube, es ist wichtig, wieder bewusst zu lernen, Chancen zu erkennen, um sie dann voller Mut zu ergreifen.

Was das verhindert und was ich persönlich als größte Schwäche der Menschheit sehe, ist Hochmut. Menschen bilden sich viel zu schnell ein Urteil über etwas, oder über jemanden, noch bevor sie denjenigen kennen oder wissen, worum es geht. Dadurch verpassen sie viele großartige Chancen. Ulli und ich sehen das bei unserer alltäglichen Arbeit immer wieder. Wenn alle Menschen etwas mehr Weitblick hätten, bekämen sie auch eine andere Einstellung zu Chancen. Neugierde würde im Vordergrund stehen. Viele würden es vielleicht wagen, sich Neues erst mal unvoreingenommen anzuschauen, bevor sie sich ein Urteil darüber bilden. Das ist eine große Kunst. Weitblick hebt allerdings das Reaktionsvermögen auf den nächsten Level, und passiert das, geht einem keine Chance mehr durch die Lappen.

Manchmal würde ich gerne den Appell an die Menschheit richten, sich über Network-Marketing zu informieren und sich eine eigene Meinung zu bilden, um diese Chance für sich nutzen zu können. Viele verurteilen diese Unternehmensform, ohne sie genau zu kennen. Doch dann erfährt man nie, ob nicht gerade dieses Business die Chance des Lebens gewesen wäre. Es herrschen so viele Vorurteile über Network-Marketing da draußen, die immer wieder den Ruf eines normalen Geschäftsmodells ruinieren. Dabei ist es nur eine Geschäftsform von vielen, die es in der Wirtschaft gibt. Dieses Modell bietet andere Chancen als herkömmliche Unternehmens- und Marketingformen. Ob sie besser oder schlechter sind und ob das Modell zu dir passt, wirst du erst wissen, wenn du es dir angeschaut und ausprobierst hast. Vorher kannst du es nicht beurteilen. Es gibt noch so viele unerschlossene Märkte, die demnächst eröffnet werden. Wenn du Ausländer bist, könntest du in deinem Heimatland ein Team aufbauen, selbst wenn du in Deutschland oder Österreich wohnst. Was hindert dich daran? Stell dir vor, du könntest deine Familie in der Türkei, in Südafrika oder in Indien aktivieren und ihnen diese Geschäftschance schenken.

Dann bist du in deinem Heimatland vielleicht bald ganz vorne dabei.

Die Fähigkeit zum Weitblick wird grundsätzlich vom Gehirn gesteuert. Männer haben dabei eher einen zielgerichteten Weitblick, sehen jedoch nicht das, was direkt vor ihrer Nase liegt. Frauen nehmen alles anders wahr und sehen eher das Unmittelbare, das ganze Bild des Augenblicks und alle daran Beteiligten. Männern fehlt manchmal etwas mehr Weitblick, sie sind schon von ihrer genetischen Veranlagung her vertikal ausgerichtet: ein Ziel, ein Fokus, los geht's. Frauen ticken anders, weil ihr Gehirn anders funktioniert.

Sie haben eine deutlich breitere Wahrnehmung, denken eher horizontal. Sie erfassen sofort alles um sich herum, nehmen intuitiv Zusammenhänge wahr, auch mehrere Dinge gleichzeitig und reagieren empathisch. Frauen haben in ihrem Gehirn, so die Wissenschaft, mehr Nervenzellen als Männer. Ihnen schwirren viel mehr Gedanken durch den Kopf, sie machen sich mehr Sorgen um alles. Männer steuern direkt und ohne

Umwege auf ihr Ziel zu. Am liebsten schließen sie dabei sogar ein Auge, sodass sie nur sehen, um was es geht. Einblenden. Ausblenden. Das können Frauen nicht so gut, darum tut es Frauen gut zu lernen, sich zu fokussieren.

Dieser Unterschied zwischen Frauen und Männern ist interessant. Wenn du zusammen mit deinem Partner das Business aufbaust, beachtet die unterschiedlichen Denk- und Handelsweisen unbedingt bei der Aufgabenverteilung und der Planung der Arbeitsabläufe.

Aus meiner männlichen Perspektive heraus, sind Frauen so komplex in ihrem Denken, so hochtechnisiert, dass ihr Gehirn fast auf einer Ebene mit der Technologie eines Atomkraftwerks stehen könnte, mit Kernfusion und allem Drum und Dran. Das Gehirn einer Frau funktioniert so präzise wie ein Hochleistungscomputer. Im Vergleich dazu sind wir Männer eher Kuckucksuhren mit einem langen Pendel. Solange das Gewicht nach unten zieht, funktioniert die Uhr, aber eben nur dann. Wir Männer sind einfach gestrickt und agieren stets zielgerichtet.

Frauen sind unglaublich komplex und können wahnsinnig viele Impulse gleichzeitig verarbeiten. Das würde jeden Mann hoffnungslos überfordern. Es ist nicht nur ein Running Gag, dass Männer nicht multitaskingfähig sind und manchmal am Frühstückstisch die Butter vor ihrer Nase nicht sehen. Es stimmt: Verglichen mit Frauen sind wir Männer, wenn es um unsere Auffassungskapazität geht, fast degenerierte Wesen. Es gibt wissenschaftliche Studien, in denen man männliche und weibliche Gehirne aufgeschnitten hat. Beim Mann wurden dabei viele helle Flecken entdeckt, während beim weiblichen Gehirn lauter graue Stellen zu sehen waren. Dieser Unterschied rührt daher, dass Männer zwar mehr Nervenbahnen, Frauen aber mehr Nervenzellen haben, die in ihrer Farbe grau erscheinen.

Was bedeutet das nun fürs Leben und im Alltag? Wie kannst du diese Erkenntnisse für dein Business nutzen? Frauen denken ohne Punkt und Komma, immerzu, zerbrechen sich den Kopf über alles, was sie beschäftigt und erfassen komplexe Systeme sofort. Warum? Weil ihr Gehirncomputer so hochgradig genial ist. Männer dagegen reagieren sofort mit Lösungen. Das allerdings schnell, sicher und ohne nachzudenken. Wenn etwas passiert, sind Männer sofort zur Stelle und tun genau das, was getan werden muss. Manchmal geht das in die Hose, weil sie zu schnell gehandelt haben, ohne vorher darüber nachzudenken. Frauen dagegen können Dinge auch förmlich zerdenken. Sie wägen alle Risiken ab und drehen Probleme wieder und wieder in ihrem Kopf hin und her. Dadurch lösen sie diese jedoch nicht.

Denn dafür bedarf es einer wohldurchdachten Handlung, die wiederum ein Mann – zack zack - übernehmen kann. Bei Frauen kann das schon mal daran scheitern, dass sie vor lauter Denken beginnen, an sich selbst zu zweifeln. Ein Aspekt des Weitblicks ist es, positiv eingestellt zu sein und es auch möglichst in jeder Situation zu bleiben. Wir wissen, dass unsere Gesellschaft zu sehr auf Negatives fokussiert ist. Das beginnt schon bei den täglichen Nachrichten: Negative Sensationsmeldungen verkaufen sich besser als positive. Doch mit negativen Inhalten und in negativer Stimmung lässt sich niemand begeistern. In unserem Business wird man nicht erfolgreich, wenn man immer erst mal in allem das Schlechte sucht. Wir schauen positiv nach vorne, sind auf Erfolg eingestellt, nicht auf mögliches Scheitern. Wenn wir Partnern begegnen, die das nicht schaffen, versuchen wir, ihre Aufmerksamkeit vom Negativen auf das Positive zu lenken.

Auch das verstehen wir unter Weitblick.

Für mich bedeutet Weitblick in Bezug auf die Menschen um mich herum, dass ich intuitiv den Menschen mir gegenüber schon erfasse, noch bevor ich mit ihm gesprochen habe. Das klingt zwar komisch, aber wenn ich das schaffe, habe ich einen leichteren Zugang und mir fällt auch schneller etwas ein, womit ich das Gespräch eröffnen kann, selbst, oder gerade, bei Fremden. Ich beobachte und spüre, in welchem Modus der Kunde, Partner, Interessent gerade ist. Wie ist er drauf? Es ist so spannend, mit Menschen zu arbeiten.

Darum rate ich den Teilnehmern unserer Trainings stets: Schaut hin, nehmt wahr, spürt in andere hinein und nehmt auf, was ihr seht. Versucht, anderen Menschen offen und neugierig gegenüberzutreten. Weitblick hat aber nichts mit Beurteilen zu tun. Menschen beurteilen andere Menschen viel zu schnell und lassen sich weder Zeit noch Raum, genauer hinzuschauen. Wer jedoch mit Weitblick handelt, gibt auch dem zweiten Eindruck eine Chance und erkennt meist viel schneller, warum jemand da steht, wo er steht. Ich habe immer Lösungen parat und bin von Natur aus jemand, der gerne Schnellschüsse macht.

Doch das habe ich mir glücklicherweise mit Ullis Hilfe abtrainieren können und bin viel gelassener geworden. Weitblick bedeutet also auch für mich, keine Schnellschüsse mehr zu machen, sondern erst mal über eine Entscheidung zu schlafen oder, wenn das nicht geht, dem ersten spontanen Gefühl, das in mir aufkommt, nicht zu folgen, sondern die Angelegenheit aus der Vogelperspektive neutral und ohne Emotionen zu betrachten und erst dann nach einer Lösung zu suchen.

Wer ins Network-Marketing einsteigen möchte, um dort Karriere zu machen, sollte zunächst mit Weitsicht ein paar Dinge betrachten, bevor er die Entscheidung für ein Unternehmen und dessen Produkte trifft. Wir haben uns damals in erster Linie aus persönlicher Begeisterung heraus für die Öle von Young Living entschieden, weil wir damit täglich gearbeitet haben. Erst auf den zweiten Blick haben wir erkannt, was für ein hochkarätiges Unternehmen Young Living ist und welche unfassbar großen Chancen es uns bietet.

In keinem anderen Bereich der Wirtschaft ist es möglich, sich ohne Startkapital und ohne zu investieren selbstständig zu machen. Dadurch konnten wir selbst in unserer damaligen prekären monetären Situation ohne jegliche finanzielle Mittel Unternehmer werden.
Wir haben aus dem Nichts heraus unser Business aufgebaut, brauchten kein Lager, keine Logistikstruktur, keine Angestellten, kein Ladengeschäft, keine Kredite. Nichts davon. Wir brauchten

nicht einmal eine eigene Website. Das ist das Großartige am Network-Marketing, speziell bei Young Living: Du kannst dich einfach selbstständig machen. Außer einem Laptop mit Internetzugang brauchst du nichts, um als Partner einzusteigen. Sobald du Partner wirst, bekommst du alles fix und fertig serviert. Du kannst sofort loslegen, deine ersten eigenen Partner suchen und sie vom Business und den Produkten begeistern. Wir wissen, wenn wir es aus unserer schwierigen Situation ganz nach oben geschafft haben, ist es genauso für jeden anderen Menschen möglich im Network-Marketing erfolgreich zu werden. Jeder, der sich dazu entschließt, kann das. Und das, ohne Schulden zu machen oder eine Firma mit Büros, Angestellten und Logistikstruktur aufbauen zu müssen. Weitblick heißt daher für uns auch, dass Menschen, die diese Chancen erkennen, sich in wenigen Jahren ein attraktives passives Einkommen erwirtschaften können. Dieses Grundrauschen – also deine Basis – spült automatisch jeden Monat Geld auf dein Konto, ohne, dass du noch etwas dafür tun musst. Das Faszinierende am Network-Marketing ist, dass du mit der Empfehlung von Produkten Geld verdienst. Mit dem gesamten Verkaufs- und Logistikprozess hast du hingegen nichts zu tun.

Du musst dich nicht mit Retouren und Lieferungen befassen. Das Einzige, was du machst, ist Begeisterung für die Produkte die du empfiehlst zu wecken. Mehr nicht. Dafür bekommst du Provision. Wenn du nun denkst, anderen etwas zu empfehlen, sei nicht dein Ding, dann überlege mal kurz: Ist es nicht so, dass wir täglich Dinge weiterempfehlen, ohne etwas dafür zu bekommen? Das Restaurant um die Ecke. Den neuen Frisör. Das aktuelle Buch deines Lieblingsautors.

Wenn du anderen die Pizzeria um die Ecke empfiehlst, zahlt sie dir nichts für deine Empfehlung. Auch der Frisör wird dich nicht an seinem Gewinn, den er dank deiner Empfehlung hatte, beteiligen. Dein Lieblingsautor schon gar nicht. Genau da sind wir beim entscheidenden Punkt: Wenn du mit Weitblick darauf schaust, siehst du, dass dich Young Living für deine

Begeisterung und deine Produktempfehlungen an seinen Umsätzen beteiligt. Das ist doch eine großartige Sache, oder?

Zu diesem Weitblick zählt ebenfalls, dieses passive Einkommen, wie eine Lebensversicherung zu betrachten. Doch nur die wenigsten verstehen das. Dabei sichert dieses Einkommen nicht nur dich, sondern auch deine Kinder ab, wenn du welche hast. Ein Network-Marketing-Business kann man vererben. Deine Kinder können es weiterführen und auf dem hohen Niveau halten, auf das du es gebracht hast oder es noch weiter aufbauen.
Im vorherigen Kapitel haben wir den Aspekt des strategischen Netzwerkaufbaus erwähnt. Einen Teil dieser Strategie bilden das Training und die Weiterbildung unserer Partner. Doch daran brauchst du anfangs, wenn dein Netzwerk noch klein ist, noch nicht – oder nur in kleinem Rahmen – zu denken. Bei den vielen Partnern, wie wir sie haben, ist das allerdings ein wesentlicher Bestandteil unserer täglichen Arbeit. Darum haben wir das Programm „Train-the-Trainer" ins Leben gerufen. Wir führen es sowohl online als auch offline durch. Online umfasst es drei Einheiten à vier Stunden an drei aufeinanderfolgenden Tagen und findet meist via Zoom von 18 bis 22 Uhr statt. Dieses Training ist sehr intensiv und für viele unserer Partner der Startschuss, um in die Umsetzung zu kommen. Offline besteht das Programm aus 2 intensiven Tagen, bei denen wir die Leute vor Ort schulen und motivieren. Train-the-Trainer ist die erste Stufe unseres Trainingsangebots, um neuen Partnern den Spirit des Business zu vermitteln. Es ist der Startschuss für die ersten Schritte im Teamaufbau. Wir vermitteln die Grundlagen, das wichtigste Know-how für den Einstieg ins Network-Marketing.

Darüber hinaus haben wir das 90-TAGE-COACHING entwickelt, das wir bereits mehrfach erwähnt haben. Es findet einmal im Jahr online statt. Dabei veranstalten wir über einen Zeitraum von 90 Tagen hinweg einmal in der Woche einen Zoom-Call à 90 Minuten.

Dieses Coaching ist für diejenigen unserer Partner gedacht, die sich ernsthaft dazu entschließen, ihr Business auf den nächsten Erfolgslevel heben zu wollen.

Es ist für Menschen, die entweder bereits Erfolg haben und von uns lernen wollen, wie es noch weiter nach oben gehen kann, oder auch für Netzwerk-Neulinge die sich für den Business Aufbau mit Young Living entschieden haben. Wir erläutern dabei, wie sie es bis an die Spitze schaffen können.

Dieses Coaching ist nur für Partner buchbar, die bereits eine Weile im Business sind und erste Erfolge vorweisen können. Es ist die zweite Stufe unseres Trainingsangebots und für alle diejenigen gedacht, die ihr Wissen erweitern und in den strukturellen Aufbau ihres Business investieren wollen. Wir arbeiten dabei 90 Tage lang intensiv am Mindset und an der Einstellung zum Business. Wir zeigen, wie man Begeisterung entfacht und andere motiviert. Wir haben früh erkannt, dass man andere Menschen umso mehr begeistern kann, je begeisterter man selbst ist. Dann springt der Funke über, doch ohne Begeisterung funktioniert es nicht. Das wöchentliche Coaching über drei Monate hinweg ist eine Art Mastermind-Angebot, ein komplettes Programm, bei dem wir alle Partner intensiv begleiten. Voraussetzung ist es, wöchentliche Hausaufgaben zu machen.

Wir sind wahnsinnig dankbar, dass wir bei einem so renommierten US-Unternehmen, wie Young Living, die Chance bekamen, unser Business aufzubauen. Young Living unterscheidet sich von anderen Network-Marketing-Unternehmen durch seine ökologisch geprägte Philosophie. Alle Produkte werden nachhaltig und auf höchstem Qualitätsstandard hergestellt. Als wir bei Young Living anfingen, waren wir Pioniere und hatten kaum Vorgaben seitens des Unternehmens. Wir haben zunächst die Strukturen geschaffen und später auch Events kreiert. Heute haben wir ein paar regelmäßig stattfindende große Young-Living-Veranstaltungen. Zudem gibt es die jährliche Convention.

Überdies gibt es die bereits erwähnten Reisen zu den Farmen, die sogenannten Farm-Erlebnisse, zu denen alle Teilnehmer ihre ganze Familie mitbringen können. Young Living ist ein kinderfreundliches, familienorientiertes Unternehmen und lebt diese Philosophie auf der ganzen Welt. Natürlich versuchen wir, dass wir viele unserer Partner motivieren an den Conventions teilzunehmen. Es gibt eine in den USA, eine in Europa und eine in Asien. Wir sind immer selbst dabei und auch unsere Führungskräfte – die Leader mit ihren Partnern.
Die gemeinsame Fahrt dorthin und das Erlebnis der Convention stärken das Zusammengehörigkeitsgefühl. Veranstaltungen zu organisieren und zu besuchen, ist im Network-Marketing wichtig, für alle Partner. Die Initiative ergreift jedoch immer jeder Partner selbst. Doch die positive Wirkung von Veranstaltungen ist immens. Wenn du einmal erlebt hast, wie einfach es ist, auf Veranstaltungen in Kontakt mit neuen Menschen zu kommen, wirst du diese Form der Kontaktbörse auch für dein Business nutzen wollen. Die Art der Veranstaltung ist verschieden. Wenn du selbst eine Veranstaltung organisierst, egal, ob im kleineren oder größeren Rahmen, schaffst du für dich und deine Partner ein hervorragendes Tool. Weil es hier in Europa, als wir anfingen, diesbezüglich keine Events gab, haben wir solche über viele Jahre selbst organisiert.

Ich rate Paaren, die zusammenarbeiten wollen, vorab eine Visionssuche zu machen. Zuerst jeder Partner für sich allein, dann gemeinsam als Paar. Du und dein Partner, habt ihr euch schon mal gefragt, welche Vision ihr im Leben habt und wie ihr euch die Zukunft vorstellt? Wenn sich jeder von euch über seine eigene Vision klar geworden ist, wiederholt ihr die Frage für euch als Paar: Wie sieht eure gemeinsame Vision aus? Wie stellt ihr euch eure gemeinsame Zukunft als Paar vor?

Notiert eure Gedanken zunächst jeder für sich. Dann schaut ihr zusammen darauf. Du wirst überrascht sein, was dabei herauskommt. Du wirst dir dessen bewusstwerden, dass ihr beide zwei individuelle Wesen, mit eigenen Visionen, Träumen und Sichtweisen auf das Leben seid. Dabei kann es zu großen Überraschungen kommen, weil du an deinem Partner plötzlich

Seiten entdeckst, die du bislang noch nicht kanntest, oder Wünsche wahrnimmst, die du niemals vermutet hättest. Doch es ist wichtig, genau diese Aspekte zu erkennen und darüber zu sprechen, um die Wünsche, Träume und Ziele des anderen kennenzulernen. Eure Visionen können zudem unterschiedlich sein.
Auch diese Erkenntnis ist wichtig, denn eure Aufgabe lautet dann, alles so zu koordinieren, dass jeder seine Vision leben kann und ihr trotzdem einen erfolgreichen gemeinsamen Weg einschlagen könnt.

Ulli und ich haben unsere ganz eigene Erfahrung mit so einer Visionssuche gemacht. Für mich ist es von elementarer Bedeutung, finanziell abgesichert zu sein und genug Geld zu verdienen, um meine Träume verwirklichen zu können. Viele dieser Träume sind Spielereien: noch mehr reisen, den Pilotenschein machen und mit einer kleinen Maschine in der Welt herumfliegen. Visionen sind mein Antrieb, mein Motor. Ich habe konkrete Ziele im Kopf, die ich erreichen will und die meinem Tun eine Richtung geben. Auch Ulli hat Ziele und Visionen. Daraus haben wir eine gemeinsame Vision entwickelt. Ich rate jedem Paar, egal, ob ihr schon zusammenarbeitet oder erst damit beginnen wollt, dazu, zu ergründen, was jedem Partner für sich selbst und was euch als Paar wichtig ist, welche Ziele jeder von euch für sich hat und welche ihr gemeinsam erreichen wollen. Das zu wissen, ist ein starker Antrieb für den gemeinsamen Weg.

Ihr könnt eure Visionen gegenseitig auf einem Vision-Board präsentieren. Das ist ein großer und mutiger Schritt, denn damit bekennt sich jeder zu seinem innersten Wunschdenken. Dadurch entsteht diese respektvolle Kommunikation auf Augenhöhe, weil jeder die Vision des anderen als tausendprozentig wichtig und wertvoll annimmt, dessen Herzenswunsch anerkennt.

Doch daran scheitert es leider bei vielen Paaren, weil dem einen Partner nicht klar ist, wofür der andere steht. Mal ehrlich: Weißt du wirklich, was tief in deinem Partner vorgeht? Weißt du, was sein Motor ist und hast du schon einmal definiert, wonach du selbst im Leben strebst? Was ist deine Mission, für die es sich zu leben lohnt und für die du jeden Morgen freudig aufstehst? Wenn du deine eigene Vision und die deines Partners kennst, ist das ein starkes, gemeinsames Fundament, eine Ebene, auf der ihr euch zusammen in Richtung Erfolg bewegen könnt.

Die große Überraschung bei diesem Prozess ist, dass die meisten zum ersten Mal erkennen, dass ihr Partner andere Ziele hat als sie selbst. Das kann schockierend sein, manchmal erleichternd oder auch ernüchternd. Denn wenn du plötzlich siehst, dass ihr zwar schon lange zusammen seid, du aber nicht weißt, wovon dein Partner träumt, ist das befremdlich. Zu deiner Beruhigung sei gesagt, dass es keine Voraussetzung für ein erfolgreiches gemeinsames Business ist, als Paar im Gleichklang zu schwingen. Es ist okay, andere Ziele, andere Visionen und andere Werte zu haben als dein Partner.

ULLI ERZÄHLT Wenn ihr jedoch nie darüber redet, werdet ihr nie erfahren, was der andere sich wirklich wünscht. Ja, es kostet etwas Zeit, ein wenig Aufmerksamkeit, ein bisschen Energie und vor allem viel Verständnis, sich gemeinsam auf Visionssuche zu machen. Denn du lernst dabei plötzlich deinen Partner von einer ganz neuen Seite kennen. Das ist aufregend und manchmal wie sich neu ineinander zu verlieben. Voraussetzung dafür ist, dass jeder den anderen ernst nimmt und jeden seiner Gedanken und Wünsche wertschätzt. Du wirst sehen, euer Leben als Paar wird dadurch spannungsreicher.

Vielleicht geht es euch wie Vijay und mir und ihr beginnt, wieder völlig verrückte Sachen zu machen, die ihr euch nie hättet träumen lassen. Vijay und ich machen das regelmäßig, immer wieder, weil sich schließlich ständig etwas ändert oder wir neue Ideen bekommen. Auch nach so vielen Jahren entdecken wir noch neue, aufregende Seiten am anderen.

Eine Visionssuche durchzuführen, erfordert Mut, denn wenn du ehrlich zu dir selbst stehst und dich deinem Partner offenbarst, ist das nicht ohne. Die Hosen herunterzulassen und sich beispielsweise zu trauen, dem anderen mitzuteilen, dass man etwas, was ihm wichtig ist, selbst eigentlich gar nicht mag, ist ein großer Schritt. Sich das zu sagen und trotzdem entspannt zu bleiben und daraus sogar etwas Neues, Gemeinsames zu kreieren, was beider Leben bereichert, zeigt wahre Größe. Man muss als Paar nicht alles gemeinsam machen. Wie schön ist es, etwas allein oder mit Freunden zu unternehmen und danach wieder dem Partner zu begegnen. Dann hat jeder viel zu erzählen und freut sich für den anderen. Vijay und mich hat das zusammengeschweißt.

Vijay beispielsweise träumt vom Fliegen und vom Tauchen. Er möchte mit mir an die schönsten Plätze der Welt reisen. Weil ich allerdings nicht tauche, hat er sich entschlossen, mit seinem Freund Alex einen Tauchkurs zu besuchen. Der mag das genauso gern wie Vijay.
Wenn sie dann unter Wasser filmen und verrückte Sachen machen, bin auch ich glücklich, weil ich weiß, dass Vijay sich gerade einen Traum erfüllt. Er hat noch ganz viele Träume, ich finde das großartig. Wir nehmen das Leben als Abenteuer wahr. Das ist es schließlich auch, zumindest unser Leben. Mit unserem Network-Marketing-Business schaffen wir uns die Freiheit und erwirtschaften die finanziellen Mittel, um all unsere Träume wahr werden zu lassen.

VIJAY ERZÄHLT Ja, es ist unbeschreiblich schön, etwas zu haben, worauf man sich gemeinsam freuen kann, wenn der Alltag und die tägliche Routine jegliche Spontanität ausschalten. Das Leben besteht aus mehr als einem Nine-to-Five-Job zum Geldverdienen. Ulli und ich geben diesem Ritual deshalb relativ viel Raum, vor allem dann, wenn wir neue geschäftliche oder private Pläne verwirklichen wollen.

Wir haben erlebt, wie uns unsere unterschiedlichen Vorstellungen und innigen Wünsche zusammengeschweißt haben. Nehmen wir das Tauchen und Fliegen: Diese Wünsche habe ich so lange verdrängt. Doch nun sind wir an dem Punkt, wo ich mir diese Abenteuer leisten kann. Es bedurfte trotzdem einer großen Portion Mut, Ulli davon zu erzählen und dazu zu stehen. Denn sie fliegt nicht gerne und tauchen mag sie gar nicht. Doch wir haben das auf Augenhöhe besprochen und schließlich ganz entspannt festgelegt, dass ich dann halt mit meinen Töchtern fliege.

Es ist schön, etwas gemeinsam zu unternehmen. Aber wenn man wie wir viele spannende Sachen zusammen macht, ist es vollkommen in Ordnung, dass jeder auch mal seine eigenen Wege geht. Nicht alles muss man gemeinsam erleben. Wir hatten den Mut, herauszufinden, was ich will und was Ulli will. Das war sehr bereichernd für unsere Beziehung und ein großer Vertrauensbeweis. Jetzt kann jeder von uns auf sein Ziel zugehen und es verwirklichen. Ich wünsche mir, mit meinen Töchtern in eine Tauchschule zu gehen und anschließend mit ihnen in einem kleinen Flugzeug irgendwohin zu fliegen, um dort mit ihnen zu tauchen. Wir haben auf einmal auch in der Familie neue, gemeinsame Ziele. Zudem möchte ich Alex ebenfalls mit zum Tauchkurs nehmen. Wir planen einige Filmprojekte, warum also nicht unter Wasser? Das Leben ist so spannend, du siehst, wir haben noch so viel vor.

ULLI ERZÄHLT Seit wir uns kennen, haben Vijay und ich immer wieder über unsere Träume, Visionen und auch über unsere Werte gesprochen. Welches sind meine Werte, welches sind seine? Meine Werte erscheinen ein bisschen verschoben zu Vijays, weil ich von meiner Grundstruktur her mehr erfolgsorientiert und auf's Business ausgerichtet bin. Ich liebe es zu arbeiten und alles, was ich beginne, macht uns noch erfolgreicher. Ich denke stets daran, was uns das, was wir gerade tun, einbringt. Diese Frage ist wie ein Business-Mantra für mich und jeder, der erfolgreich werden will, sollte sie verinnerlichen: „Bringt dich das, was du gerade tust, deinem Ziel, das du erreichen willst, näher?" Für mich ist das ein hoch angesiedelter Wert. Wenn ich mir ständig darüber bewusst bin, mich immer wieder selbst mit dieser Frage konfrontiere, fange ich an, meine Zeit als wertvoll zu achten und zielgerichteter zu agieren. Dann vertue ich keine Zeit und bin sehr effektiv. Wenn ich jedoch erkenne, dass mich etwas überhaupt nirgendwo hinbringt, schwenke ich sofort um und verändere meinen Fokus zurück in Richtung Ziel. Erfolg ist mir einfach sehr wichtig.

Dabei meine ich nicht den Erfolg, bei dem man auf Anerkennung von anderen aus ist. Sondern Erfolg bedeutet für mich, dass es meiner Familie und mir gut geht und wir keine Sorgen haben, auch keine finanziellen. Ich möchte mir für mich und meine Lieben etwas leisten können und wünsche mir ein schönes Leben für uns. Die schwierigen Zeiten sind vorbei. Vijay und ich haben erreicht, was wir uns erträumt haben. Die meisten anderen würden sich jetzt vermutlich zur Ruhe setzen und aufhören, intensiv weiter an ihrem Erfolg zu arbeiten. Aber das ist verkehrt, denn es geht immer weiter.

Leute wie Richard Branson oder Steve Jobs haben auch nicht am Peak ihres Erfolges aufgehört. Erfolgreiche Menschen machen immer weiter, als wären sie süchtig nach dem Erfolg. Vielleicht sind sie es auch, auf jeden Fall haben sie recht spezielle Werte. Sie haben alles für sich selbst erreicht, und wollen dann anderen Menschen dabei helfen, erfolgreich zu werden. Das ist auch ein tief in mir sitzender Wunsch. Ich brenne darauf, mein Wissen zu teilen, damit andere Menschen ebenfalls dort hinkommen können, wo Vijay und ich sind. Deswegen schreiben wir auch dieses Buch. Für diese Wertevorstellung gebe ich alles. Dabei ist es mir manchmal egal, wie lange ich sitze. Was ich tue, ist für mich keine Arbeit, sondern Hingabe und Erfüllung. Doch Vijays und mein Weg war streckenweise auch sehr steinig. Wir haben unseren Erfolg nicht geschenkt bekommen, sondern mussten kämpfen, bis wir dort angekommen sind, wo wir heute stehen. Wir haben uns lange nichts leisten können. Jetzt sind wir an dem Punkt, wo wir unseren Fokus von uns weg nach außen lenken dürfen und der großen Vision, andere Menschen erfolgreich zu machen, viel Raum geben können. Wir sind im Leben angekommen, haben keine Existenzängste mehr. In dieser Position kann man entspannt arbeiten. Ohne Sorgen, ohne Druck.

VIJAY ERZÄHLT Wenn ich das, was Ulli erzählt, in Bilder übersetzen wollte, sehe ich wahnsinnig schöne Motive: Ulli in ihrem Erfolgs-Prozess, Ulli im Helfer-Prozess, Ulli im Glücks-Prozess. Für mich sieht ein solches Bild anders aus. Vielleicht, weil ich fünf Jahre älter bin als Ulli.

Bei mir zeigt das Bild, wie ich „in die Stille gehe". Ich gehe nach vielen Jahren der Aufbauarbeit und zahlreichen Höhen und Tiefen in die Entspannung und den Genuss. Ich möchte – und darf es jetzt auch endlich – zulassen. Ulli und ich haben unterschiedliche Prioritäten und wir gehen unterschiedliche Wege. Das ist in Ordnung. Für mich sind die Klarheit, die innere Stille und die Farbenpracht, die einem geschliffenen Diamanten entspringt, reine Freude.

Mir kommt es so vor, als wäre ich selbst der Diamant, und ich merke, dass ich zu diesem Bild stehen darf. Was ich als Diamant bezeichne, ist in Wirklichkeit die Erkenntnis des Lebens, von der ich nun schon einiges erfahren durfte. Heute darf ich mir erlauben, auch meine verborgenen Träume zu verwirklichen. Manchmal sind sie kostenintensiv, manchmal ganz schlicht. Doch mein größter Traum ist, meine restlichen Verpflichtungen loszuwerden, um das abenteuerliche Leben führen zu können, das ich mir wünsche. Ich weiß, dass ich jetzt bald damit anfangen werde, sonst ist es vielleicht zu spät und ich verpasse den Moment. Das würde ich eines Tages sehr bereuen, doch ich möchte nichts bereuen, denn das Leben muss gefeiert und niemals bereut werden.

Ich habe auch noch eine große Vision: neun Tage, neun Länder. Ich gestalte selbst meinen Flugplan und bin Ullis Pilot: Jeden Morgen fliege ich mit Ulli in die Hauptstadt eines anderen Landes.

Dort erwartet uns ein Fahrer, der uns den ganzen Tag herumführt.
Am Abend checken wir in einem wunderschönen Hotel ein, gehen essen und schlafen selig ein. Am nächsten Tag geht es nach dem Frühstück zurück zum Flughafen und ab ins nächste Land. Das sind meine Träume und ein Stück weit unsere gemeinsamen Träume. Ulli reist für ihr Leben gerne und ich liebe es, mit ihr zusammen lange Strecken mit dem Auto zu fahren. Wir sagen oft fast nichts. Ulli sitzt da wie ein kleines Mädchen und schaut aus dem Fenster, so süß. Sie braucht in diesem Moment nichts anderes, ist so zufrieden. Wir müssen

nicht miteinander reden, um uns zu verstehen, wir können gut nebeneinandersitzen, schweigen und uns trotzdem nahe sein. Ich stelle mir in meinen Träumen vor, wie das erst wird, wenn wir zusammen fliegen. Ich bin sicher, Ulli wird fasziniert rausschauen, wie ein kleines süßes Mädchen.

Enthusiasmus

Enthusiasmus ist die Essenz deines Erfolges. Enthusiasmus wird mit den folgenden Worten definiert: „Enthusiasmus bezeichnet [...] eine Begeisterung oder Schwärmerei für etwas, eine gesteigerte Freude an bestimmten Themen oder Handlungen, ein extremes Engagement für eine Sache oder ein ungewöhnlich intensives Interesse auf einem speziellen Gebiet." (Quelle: Wikipedia) Auf den Punkt gebracht ist Enthusiasmus die Begeisterung, die du in dir trägst.

Im Network-Marketing gliedert sich diese Begeisterung über drei Ebenen: Begeisterung für die Produkte, Begeisterung für die Menschen, sowohl für die, die du für dein Business gewinnen möchtest, als auch für die, mit denen du bereits arbeitest und Begeisterung für das Geschäftsmodell Network-Marketing.

Während die ersten beiden Ebenen bei jedem unterschiedlich stark ausgeprägt sind, ist die Begeisterung auf der dritten Ebene der Maßstab dafür, wie erfolgreich du sein kannst. Nur wenn du dich einhundertprozentig für das Geschäftsmodell Network-Marketing und das Unternehmen Young Living begeistern kannst und diese Begeisterung in jedem Gespräch, bei jedem Kontakt und bei jeder Präsentation nach außen transportierst, bist du ein wahrer Network-Marketer, der das Potenzial zum Leader oder Business-Builder hat.

Es ist entscheidend, dass du das verstehst, denn im Network-Marketing bestimmst du selbst deinen Erfolg. Die Öle von Young Living zählen aus unserer Sicht zu den besten Produkten, mit denen du dir ein solches Business aufbauen kannst. Sie unterstützen die Gesundheit und nachhaltig-ökologisches

Handeln. Mit dem Geschäftsmodell des Network-Marketings kannst du dir ein angenehmes Leben mit luxuriösem Lifestyle leisten. Das macht dich finanziell frei oder spült dir mindestens ein attraktives Nebeneinkommen auf dein Konto – je nachdem, ob du dein Business haupt- oder nebenberuflich aufbaust.

Wir sind uns sicher, dass es auch dein Wunsch ist, solch ein Leben zu leben. Darum liest du vermutlich gerade dieses Buch. Vielleicht bist du auch schon als Partner bei uns eingeschrieben oder denkst darüber nach, es demnächst zu tun. Nimm deinen Mut zusammen und wage diesen Schritt. Wir haben noch nie bereut, ihn gegangen zu sein.

Ist es nicht auch dein Wunsch, persönlich, emotional und finanziell frei zu leben und unabhängig zu sein? Willst du dich nicht auch endlich von den Fesseln des Angestelltendaseins, von möglichen Schulden oder der täglichen Routine, ins Büro zu gehen und für jemand anderen arbeiten zu müssen, befreien? Willst du nicht auch ohne den Zwang leben, ständig vorausdenken und alles planen zu müssen? All das kannst du erreichen. Was wir geschafft haben, kannst du auch schaffen! Was die meisten Neulinge im Network-Marketing beschäftigt, ist, wie sie jemanden für ihr Netzwerk begeistern können. Tipps für Gesprächsführung und Kontakte aufbauen hast du bereits an anderer Stelle bekommen. Bevor wir jetzt noch mal darauf eingehen, möchten wir dir die etwas provokative Frage stellen:

Wie gut kennst du das Geschäftsmodell Network-Marketing und wie begeistert bist du davon? Ehrlich begeistert, bis in jede einzelne Zelle deines Seins? Was brauchst du, um dich selbst dafür zu begeistern und zu überzeugen? Hast du für dich selbst genügend tragfähige Argumente, die bei dir den Funken der Begeisterung entzünden?

Das solltest du wissen, bevor du mit potenziellen Partnern sprichst.
Sie spüren deine Begeisterung und sie spüren deine Unsicherheit.
Ist sie nicht da, sprichst du vielleicht etwas verhalten über das

Business und klammerst dich in Gesprächen an die genialen Produkte.

Damit tritt die große Business-Idee in den Hintergrund. Wie schade. Sie ist die Chance, nicht nur die guten Produkte. Fang an, dich selbst zu überzeugen, bevor du versuchst, andere zu überzeugen.

Damit dir das gelingt, führe zuerst folgende Übung durch: Nimm dir etwas Zeit und erstelle eine Liste für dich. Schreibe alle Argumente auf, die deiner Meinung nach für das Geschäftsmodell Network-Marketing und das Unternehmen Young Living sprechen. Notiere alles, was dir einfällt. Wichtig ist, dass du tatsächlich alle Punkte erfasst – und zwar handschriftlich. Denn auf diese Weise aktivierst du automatisch verschiedene Gehirnfunktionen und aktivierst alle Sinne. Du denkst nach und führst gleichzeitig eine Bewegung aus. Dabei werden der visuelle, der auditive und der kinästhetische Sinn angesprochen. Durch diese mehrfache Beanspruchung nimmt dein Gehirn diese Tätigkeit als besonders wichtig wahr, was dazu führt, dass du sie noch intensivierst. Auf diese Weise graben sich deine Argumente tief in dein Unterbewusstsein ein, wodurch neue Verbindungen im Gehirn geschaffen werden, um sie integrieren zu können.

Nimm dir unbedingt diese Zeit, um an deiner inneren Einstellung und Überzeugung zu arbeiten, bevor du damit beginnst, andere überzeugen zu wollen. Wenn du selbst nicht ausreichend - sowohl von den Produkten als auch vom Geschäftsmodell - überzeugt bist, hast du im Network-Marketing keine Chance auf den ganz großen Erfolg, sondern nur auf kleine. Wir möchten dich ermutigen, diese Übung zu machen. Beschäftige dich intensiv damit und nimm dir ausreichend Zeit, um herauszufinden, was dich wirklich am Network-Marketing begeistert. Diese Argumente liest du dir dann mindestens drei Wochen lang mehrmals am Tag durch. Denke daran in jeder freien Minute deines Alltags – abends beim Einschlafen, morgens unter der Dusche, tagsüber beim

Kochen oder Putzen – und überzeuge dich selbst von Network-Marketing. Mach es zum ständigen Begleiter deiner Gedanken.

Die meisten Menschen tragen grundsätzlich viel zu wenig Begeisterung in sich. Viele starten mit Network-Marketing nur des Geldes und der Freiheit wegen. Sie glauben, Geld mache sie frei. Macht es auch, auf eine gewisse Weise. Doch wenn du deine Arbeit als Networker liebst, wirklich mit jeder einzelnen Faser deines Herzens tief und innig, baut sich eine innere Sicherheit in dir auf, die dich antreibt und dich trägt. In jedem Moment.

Du beginnst, das Leben und die Menschen um dich herum anders zu sehen und es entsteht in dir der Wunsch, diesen Menschen Gutes zu tun, indem du ihnen auch diese Chance anbietest. Du wirst so begeistert von der Arbeit mit spannenden Menschen sein, dass du am liebsten gar nicht mehr aufhören magst zu arbeiten, weil alles, was du tust, dich bereichert. Als wir beide diese Übung durchgeführt haben, konnten wir unsere gemeinsame Liste mit 198 Argumenten füllen.

Das waren 198 einzelne Gründe, warum wir in diesem Business arbeiten wollten. Inzwischen verschwimmen bei uns die Grenzen zwischen Privatleben und Arbeit – wir leben und lieben Network-Marketing. Es ist ein großartiges Geschäftsmodell, das jedwede Chance auf Erfolg eröffnet. Doch was bedeutet dieses Business für dich? Wenn du ebenso begeistert bist, dann fang an, dich ehrlich auf andere Menschen einzulassen und deine Gedanken mit ihnen zu teilen. Erzähle ihnen, was du an Network-Marketing liebst. Es wird sie mit Sicherheit überzeugen, denn wenn jemand vor Begeisterung strahlt, muss es eine gute Sache sein. Das denkt jeder. Daher werden Menschen anfangen, sich selbst damit zu beschäftigen. Anfangs werden sie sich vielleicht nur für die Produkte interessieren. Wenn ihre Begeisterung dafür groß genug ist, dann biete ihnen aber auch das beste Produkt von Young Living an, nämlich ein Teil des Unternehmens zu werden, eigene Teams aufzubauen und die damit verbundenen Chancen zu nutzen.

Eine weitere Frage, die du dir regelmäßig stellen kannst: Warum willst du erfolgreich werden? Was ist es dir wert, erfolgreich zu sein?
Wenn dein Warum erfolgreich zu werden, groß genug ist, werden dir sofort unzählige Argumente dafür einfallen. Weißt du, dass erfolgreiche Menschen andere Menschen geradezu magisch anziehen? Erfolg macht sexy.

Es ist so wichtig, dass du zuerst selbst von diesem Geschäftsmodell überzeugt bist, bevor du dich mit der Frage beschäftigst, wie du neue Partner findest. Wenn du genauso begeistert bist wie wir, werden dir Partner mühelos zufliegen. Sobald es bei dir „Klick" gemacht hat, wird es dir auch gelingen, deine Argumente für dieses Geschäftsmodell überzeugend mit anderen Menschen zu teilen. Dann darfst du in jedem Gespräch Begeisterung bei deinem Gegenüber entfachen, nicht nur für die grandiosen Produkte, sondern auch für das Businessmodell. Unsere Mission, andere Menschen erfolgreich zu machen, ist schon etwas extrem.

Wir lieben es, ihnen zu zeigen, dass sie ein Grundrecht auf Freiheit in ihrem Leben haben. Wir lieben es, Menschen zu einem gesunden Leben zu verhelfen, obwohl wir keine Mediziner oder in anderen Heilberufen tätig sind. Neue Partner gewinnen wir vor allem, indem wir unsere Begeisterung zeigen. Ganz offen, ohne Vorbehalte.
Wir stehen dazu, Network-Marketer zu sein. Das strahlen wir beide auch aus. Manchmal können wir regelrecht sehen, wie im Kopf eines Gesprächspartners die Frage auftaucht, ob dieses Businessmodell auch etwas für ihn wäre. Dann ist der Funke übergesprungen – ein unglaublich schöner Moment. Selbst wenn sich unser Gegenüber in diesem Augenblick noch nicht selbst im Network-Marketing-Business sieht, die erste Begeisterung ist entfacht.

Der erste Schritt ist getan. Auch, aber nicht nur für die Öle, sondern vor allem für die Idee von persönlicher Freiheit. Die Begeisterung für die Produkte ist wie eine Brücke für diese Idee. Erst der Gedanke, sich damit ein eigenes Unternehmen aufzubauen, ein lukratives Zusatzeinkommen zu schaffen, um sich finanziell mehr leisten zu können und unabhängig zu arbeiten, ist der Funke, der innerlich ein loderndes Feuer entzünden kann.

Dieses Feuer muss jedoch geschürt werden. Versuch es, begeistere die Menschen um dich herum. Lass den Funken durch deine eigene Begeisterung überspringen. Erlebe die Magie dieses Augenblicks. Dieses Ziel ist es wert; das können wir beide aus unserer Erfahrung bestätigen. Alles andere kommt dann ganz von allein.

Doch natürlich können auch wir – bei allem Einsatz und aller Euphorie – nicht jeden für dieses Geschäftsmodell begeistern. Es gibt zahlreiche Kritiker und unzählige Gegner. Das sind Menschen, die irgendwo, irgendwelche Storys über Network-Marketing gehört haben. Doch schau' uns an: Wir sind ehrliche Menschen, machen ehrliche Geschäfte und tun alles für unsere Partner und deren Erfolg.
Nichtsdestotrotz treffen wir immer wieder auf solche, die mit uns diskutieren, ja regelrecht kämpfen wollen. Gegen solche Menschen kann man nicht gewinnen, vor allem nicht mit Argumenten. Sie haben sich intensiv darauf vorbereitet, jedes Argument zu zerpflücken.

Das ist ein Sport für sie. Dagegen haben wir eine unglaublich wirksame Taktik entwickelt. Werden wir in so eine Diskussion verwickelt, verlassen wir den Dialog und wechseln auf die persönliche, emotionale Ebene. Wir steigen einfach aus, argumentieren nicht, rechtfertigen nicht, denn diesen Kampf mitzukämpfen, ist verschwendete Zeit und Mühe. Wir bleiben in solch einer Situation selbstbewusst und schlagen dem anderen vor, sich einige unserer Produkte zu kaufen und sie zu testen. Anschließend können wir weiterreden. Punkt. Diskussion beendet. Das ist ein perfekter Ausstieg. Der Kritiker kann darauf nicht viel erwidern, weil er nun am Zug ist, sich eine eigene, fundierte Meinung zu bilden, bevor wir wieder mit ihm sprechen. Wenn er trotzdem noch etwas entgegnet, diskutieren wir einfach nicht mehr mit. Warum sollten wir uns auch in solche Gespräche hineinziehen lassen?

Menschen, die sich geschworen haben, sich nicht überzeugen zu lassen, sind unsere Energie nicht wert und dürfen gerne gehen. Meist funktioniert unsere Taktik gut, solche Leute mit unserer Aufforderung zu überlisten. Es ist entscheidend, die richtigen Argumente im richtigen Moment zu haben.

Jeder erfolgreiche Networker – und zwar nicht nur bei Young Living – wird bestätigen, dass Network-Marketing ein unübertreffliches Businessmodell ist. Sogar Immobilienmillionäre wie Robert Kiyosaki oder Keynote Speaker wie Tobias Beck machen sich für Network-Marketing stark. Wir hingegen haben das Geschäftsmodell in den ersten Jahren verkannt, weil wir zu produktverliebt waren. So geht es vielen und es liegt heute an uns, ob wir das System des Business unseren Partner so gut vermitteln können, dass sie diesen Fehler vermeiden können. In den letzten zehn Jahren haben wir es sehr zu schätzen gelernt und es hat uns dahin gebracht, wo wir heute stehen. Doch wir hätten sehr viel eher am Ziel sein können, sehr viel eher finanziell unabhängig und frei. Aus diesem Wissen heraus, betrachten wir die Möglichkeit, mit Young Living Geld zu verdienen, als das beste Produkt des Unternehmens. Seit wir das erkannt haben, ist es sehr viel einfacher, dieses Produkt anderen zu erklären und sie dafür zu begeistern. Wir verstecken es nicht länger. Die Vorbehalte, die viele gegenüber Network-Marketing haben, sind das Resultat ihrer inneren Stimme, die ständig Fragen stellt wie:

Was denkt der andere von mir, wenn ich von Geld verdienen spreche? Oder wenn ich gar mit ihm Geld verdienen will? Darum erzählen sie zunächst nur von den Produkten und nicht von den großartigen Geschäftsmöglichkeiten dieses Businessmodells. Wir erklären ihnen, dass Network-Marketing selbst die beste Möglichkeit ist, Geld zu verdienen.

Enthusiasmus und Begeisterung sind beide unser großes Erfolgsrezept. Für uns als Paar hat beides auch große Relevanz. Für unsere Beziehung bedeutet das, dass wir beide das gleiche

Ziel mit dem gleichen enthusiastischen Einsatz verfolgen. Wir verstehen uns dabei ohne Worte, ziehen, ohne uns abzusprechen gemeinsam an einem Strang und vor allem auf derselben Seite des Seils.

Es gibt bei uns nicht „dein Erfolg, mein Erfolg". Alles, was wir tun, trägt zu unserem Erfolg bei. Und auch nach so vielen Jahren können wir uns noch für den jeweils anderen begeistern. Unsere Partnerschaft ist enger und inniger als jemals zuvor. Wir haben keine Geheimnisse voreinander, binden uns gegenseitig in alles ein. Nichts wird zurückgehalten. Dabei hatten wir beide schon am Anfang den großen Enthusiasmus, etwas gemeinsam tun zu wollen. Gemeinsam etwas Großes zu schaffen. Das hat sich in all den Jahren nicht geändert. Dieser Enthusiasmus basiert auf der Begeisterung, dass wir zusammen sind. Es ist dieses Einfache, dieses gemeinsame Beschreiten unseres Weges auf Augenhöhe, nebeneinander. Es gibt so viele Paare, die in verschiedenen Firmen arbeiten. Der eine hier, der andere dort. Sie sehen sich erst am Abend für ein paar Stunden und gehen dann schlafen. Am nächsten Tag um acht in der Früh sind sie schon wieder getrennt. Das bedeutet, sie leben nur vier, fünf Stunden am Tag zusammen und die restliche Zeit mit anderen Menschen.

Es ist ein wahres Geschenk, mit dem Partner zusammenarbeiten zu können. Es ermöglicht, kostbare Lebenszeit miteinander zu verbringen. Wir freuen uns gemeinsam, sorgen uns gemeinsam, machen einfach alles gemeinsam. Das ist wunderbar. Wir teilen uns die Arbeitszeit so ein, wie es für uns beide passt. Diese Freiheit, so zu arbeiten, wie wir wollen, ist uns sehr viel wert. Denn sie steigert unsere Lebensqualität ins Unermessliche und ist mit Geld nicht zu bezahlen.

Reichtum

Für mich bedeutet Reichtum, nicht darüber nachdenken zu müssen, ob ich mir etwas leisten kann oder nicht. Es erhöht Ullis und meine Lebensqualität enorm, dass wir uns beispielsweise einen Swimmingpool im Garten einbauen lassen können, ohne lange über die Kosten nachdenken zu müssen. Früher wäre das unmöglich gewesen, da war so ein Luxus nicht drin'. Reichtum ist für uns auch, die Freiheit zu haben, reisen zu können, wohin wir wollen, überall dorthin, wo wir noch nie waren. Wir reisen seit jeher sehr gerne und brauchen inzwischen nicht mehr zu überlegen, ob wir es uns leisten können. Reich bin ich zudem, weil ich mich frei fühle und die Freiheit habe, nicht klassisch von neun bis siebzehn Uhr arbeiten zu müssen.

Reichtum hat für mich nichts mit Statussymbolen zu tun, wie zum Beispiel ein teurer Sportwagen. Weder Ulli noch ich brauchen Statussymbole. Wir haben gar nicht das Bedürfnis, unseren Reichtum nach außen zu zeigen. Wir haben andere Werte. Wir lehnen uns gern mal entspannt zurück, lassen die Zeit vergehen und genießen ohne jeglichen Druck oder Sorgen das Leben. Das ist der größte Reichtum, denn unsere Lebenszeit ist das Kostbarste das wir haben. Mir ist klargeworden, dass manche Menschen, die kein Geld haben, die nicht reich sind, es aber gerne wären, Reichtum nach außen demonstrieren möchten. Sie kämpfen ihr Leben lang finanziell, laufen Statussymbolen hinterher, seien es teure Klamotten, Schuhe und Handtaschen bei den Frauen, Autos, Uhren und technische Geräte bei den Männern.

All das hätten viele Menschen gern, können es sich aber nicht leisten.
Solche materiellen Dinge sind für viele wahre Sehnsuchtsobjekte, denn sie stehen für Reichtum und sind deshalb erstrebenswert. Sie haben die Aufgabe, nach außen hin ein Bild des Wohlstands zu suggerieren, das es eigentlich gar nicht gibt.

Mehr Schein als Sein. Wenn diese Menschen sich dann plötzlich etwas leisten können, weil ihr Business gut läuft, passiert Erstaunliches: Reichtum zu zeigen, verliert plötzlich an Attraktivität und ist auf einmal nicht mehr so sehr wichtig wie zuvor. Dann verändern sich Prioritäten und der Wunsch, sich bestimmte materielle Träume zu verwirklichen, tritt in den Hintergrund. Wirklich reiche Leute protzen nicht mit ihrem Geld.

Wenn du es einmal zu Reichtum bringst und Geld keine Rolle mehr spielt, wirst du merken, dass solche materiellen Wünsche absolut unwichtig werden. Du brauchst viele Dinge nicht.

ULLI ERZÄHLT Es ist nur in unseren Köpfen, immer das haben zu wollen, was wir nicht haben können. Damit kämpfen viele Menschen. Sie hadern mit sich und der Welt, weil sie sich keine teuren Dinge leisten können. Fatalerweise beziehen sie diesen Mangel auf sich selbst und verzweifeln an sich und ihrem Leben. Sie weinen etwas nach, das für sie gar nicht greifbar ist und sind immer mehr gefangen in sich selbst und weit davon entfernt, frei zu sein. Vor allem in finanzieller Hinsicht. Deshalb ist für mich Vijays und meine finanzielle Freiheit die größte und schönste Freiheit, die es gibt. Sie ermöglicht uns alles. Wir legen beide keinen Wert auf die Demonstration unseres Reichtums, auch, wenn wir uns das leisten könnten. Statussymbole haben für uns nichts mit Reichtum zu tun und mit Freiheit schon gar nicht. Für mich persönlich bedeutet Reichtum, dass ich aus purer Freude arbeiten darf und nicht, weil ich Geld verdienen muss. Zu arbeiten, weil es einem Spaß macht, ist unglaublich großartig! Vijay und ich arbeiten heute am liebsten, um andere Menschen dort hinzubringen, wo wir selbst sind. Das ist unsere Mission. Ich bin so glücklich über unseren Erfolg; wir haben ihn uns mit viel Energie und Liebe erarbeitet. Das möchte ich gerne weitergeben, andere Menschen sollen ebenso erfolgreich werden. Wenn mir das gelingt, ist das auch wahrer Reichtum für mich - und der hat nichts mit Geld zu tun.

Wer erfolgreich, oder besser gesagt, durch Erfolg reich werden will, muss dafür im ersten Schritt lernen, Eigenverantwortung zu übernehmen. Für sich, für sein Leben und alles, was er tut. Doch das ist leichter gesagt als getan. Vijay und ich diskutieren oft darüber, was genau Eigenverantwortung bedeutet, und wie wir sie noch mehr in unserem Leben etablieren können. Unsere Antwort lautet wie folgt: Eigenverantwortung entsteht, wenn du weißt, wo du hinwillst und was genau dein Ziel ist, beruflich wie privat.

Das ist der Grund, warum alle erfolgreichen Menschen sich Ziele setzen. Auch in unserem Business ist eine klare Zielsetzung hilfreich. Daraus entsteht die Eigenverantwortung, selbstständig und nicht fremdbestimmt die notwendigen Schritte zu gehen, um dahin zu kommen. Hast du ein Ziel, kennst du deine Richtung und kannst sicher darauf zugehen. Wer das nicht macht, kann es sich auch sparen, überhaupt Ziele zu setzen. Eigenverantwortung kann jedoch ohne konkrete Ziele im Leben und im Beruf nicht entstehen. Dabei ist es völlig egal, wohin man will. Man schielt dann mehr auf die anderen, auf ihr Geld und ihren Reichtum, auf ihren Erfolg, anstatt loszulegen und den eigenen Erfolg aufzubauen. Sich mit anderen zu vergleichen, ist das Gegenteil von Eigenverantwortung.

Bewusste Eigenverantwortung entsteht manchmal auch erst aus dem schmerzhaften Gefühl der Unzufriedenheit, dem Mehr-Wollen, dem Mangel. Doch egal, warum sie entsteht, wichtig ist, dass sie entsteht. Denn dadurch kommst du ins Handeln.

Also steh auf und verändere dein Leben. Wir haben es getan – und du kannst das auch. Wenn du dein Leben selbst in die Hand nimmst und dir überlegst, was du verändern willst, kommt die Eigenverantwortung von ganz allein. Dann steht ein ps-starkes Warum hinter dir, dass dich wie ein innerer Motor nach vorne schiebt. Wenn du mehr willst vom Leben, wenn du wirklich etwas erreichen und die Welt in ihrer ganzen Vielfalt sehen möchtest, musst du dich aktiv dafür entscheiden und selbst die Verantwortung dafür übernehmen, es zu schaffen. Werde aktiv, um dorthin zu kommen. Vijay und ich wissen aus unserer langen Erfahrung, dass Eigenverantwortung das Fundament von Erfolg ist. Sie ist unabdingbar, wenn du etwas erreichen willst, ganz egal, ob bezüglich deines Business oder etwas anderem in deinem Leben.

Für mich ist Eigenverantwortung die Basis, um sich auf das Wesentliche zu fokussieren und zu konzentrieren. Wenn du das schaffst, gewinnst du Zeit. Wertvolle Zeit zum Handeln.

Eigenverantwortung legt den Fokus auf das Ziel und die notwendigen Schritte, um es zu verwirklichen. Wenn du erkennst, dass du für dein Glück und deinen Erfolg selbst verantwortlich bist, kannst du dich ohne Ablenkung darauf konzentrieren, es zu erreichen.

Häufig suchen Menschen den Schuldigen für ihre Situation im Außen: beim Chef, der Firma, den Umständen, der Familie, den Freunden – wo auch immer. Doch das ist falsch. Jeder ist selbst für seine Situation verantwortlich. Wenn du also einen Job hast, der dich krank macht, suche nach einer Alternative, die dich glücklich macht. Wenn du Verantwortung für dein Leben und deinen Beruf übernimmst, brauchst du nicht länger die Schuld dafür, dass etwas schiefläuft, bei anderen zu suchen. Das macht alles einfacher. Denn niemand ist an deiner Misere, an deiner Situation im Job oder im Leben Schuld. Freunde dich mit dem Gedanken an, selbst die Verantwortung für alles zu tragen, für dein Leid und deinen Misserfolg genauso wie für dein Glück und die Liebe in deinem Leben. Du hast in jedem Moment die Wahl, etwas zu tun oder zu lassen. Wenn du nichts tust, passiert auch nichts.

Wer den Erfolgsweg geht, wird Reichtum ernten. Der beginnt mit dem guten Gefühl von Freiheit und genug Geld zu haben. Letzteres ist für viele allerdings gar nicht das Ziel, denn viel wichtiger als finanzieller Reichtum ist finanzielle Freiheit. Die beginnt schon viel früher, wenn du bereits ein Nebeneinkommen hast, das die laufenden Kosten deckt. Jeden Monat. Das macht frei.

VIJAY ERZÄHLT Reichtum ist so viel mehr als Geld. Reichtum ist emotionale Fülle. Ulli und ich haben in unserem Netzwerk unbeschreiblich großen emotionalen Reichtum erreicht. Wir sind immer unterwegs, werden eingeladen, von Young Living oder von Freunden auf der ganzen Welt. Wir haben alle Farmen gesehen, haben erfahren, wo die Öle hergestellt werden, sind nach Australien, Asien, Hawaii gereist. Reichtum ist für uns das Urprinzip des Seins, ein Recht, das uns allen bei der Geburt mitgegeben wird.

Die meisten Menschen machen jedoch nichts daraus. Sie nutzen ihre Möglichkeiten nicht, sondern laufen ein Leben lang in ihrem Hamsterrad und trauen sich nicht auszubrechen.

Uns hat der Herrgott in einem Moment größter Not, als wir mit nichts dastanden, Network-Marketing geschenkt, uns unser Business vor die Füße gelegt. Wir hatten die Wahl, das Geschenk anzunehmen oder nicht. Wir haben es genommen, auch wenn wir ein paar Jahre gebraucht haben, es in gänzlicher Fülle zu entfalten. Die Mühe hat sich gelohnt. Jede einzelne Minute. Wir erleben es fast täglich: Viele Leute stehen sich selbst im Weg, weil ihre Glaubensmuster ihnen vormachen, Reichtum nicht nötig zu haben. Viel Geld zu verdienen ist für sie negativ belastet. Glaubenssätze verhindern jegliches Wachstum. Hier startet die Persönlichkeitsentwicklung, denn viele Äußerungen sind nur banale Ausreden, um sich nicht mit sich selbst und seiner ureigenen Einstellung auseinandersetzen zu müssen.

Diese Menschen haben zwar das neueste Handy, leben aber in den veralteten Glaubensmustern, die sie in der Kindheit gelernt haben. Sie sehen auch nicht die Chance, sie loszuwerden. Glaubenssätze können sogar eine gefährliche Richtung einschlagen. Dann nämlich, wenn sie den eigenen Wert herabsetzen. Doch in unseren Augen ist es jeder Mensch wert, auch monetär sehr erfolgreich zu sein. Wir alle haben einen göttlichen Funken in uns.

Das hat nichts mit sozialer Herkunft oder Bildung zu tun. Wir alle haben die Freiheit, unser Leben so zu gestalten, wie wir es uns wünschen. Im Network-Marketing brauchst du keinen Doktor-Titel. Du musst auch nicht aus einer reichen Familie kommen. Geschweige denn, eine besondere Ausbildung absolviert haben. Du kannst alles lernen. Doch bevor du damit beginnst, spüre deine unbewussten Glaubenssätze auf und schalte sie aus, denn sie sind Reichtums-Verhinderer.

KAPITEL 4 – DAS UNTERNEHMEN YOUNG LIVING

VIJAY ERZÄHLT Die Geschichte von Young Living ist spannend.
Der Gründer Gary Young, geboren 1949, wuchs auf der Farm seiner Eltern auf, wo die Familie in einem Holzhaus wohnte, das eher eine Baracke glich. Das Haus war gerade einmal 21 Quadratmeter groß und es gab weder fließendes Wasser noch Strom. Sie führten ein einfaches Leben, aber nahe an und respektvoll mit der Natur. Später trat Gary in die Fußstapfen seiner Eltern und wurde auch Farmer und Cowboy.

Zuerst war er, der junge Erwachsene, noch auf der kleinen Farm seiner Eltern, im tiefsten Nirgendwo Amerikas, freiheitsliebend, immer draußen. Ein Bursche, der mehr mit Pferden als mit Menschen aufwuchs. Er liebte sein Cowboyleben, doch irgendwann wurde es ihm zu eng. Er nahm alle möglichen Jobs an und kam viel herum.

Er war Viehtreiber und arbeitete als Holzfäller, je nachdem, welcher Job ihm gerade über den Weg lief. Eines Tages wurde er fast von einem Baum erschlagen und landete schwer verletzt im Krankenhaus. 40 gebrochene Knochen, darunter alle Rippen, ein dreifacher Beckenbruch, zwei schwere Schädel-Hirn-Traumata mit offenem Schädelbruch. Danach saß er im Rollstuhl, war geh-unfähig.
Niemand konnte sich vorstellen, wie er das überlebt hatte.
Er arbeitete an sich und nach einem Jahr konnte er wieder laufen, obwohl seine Wirbelsäule auch zerschmettert gewesen war. Es war ein Wunder. Niemand verstand es. Alle fragten sich, wie ein Mensch, der so zertrümmert worden war,

vollkommen gesund werden konnte. Vielleicht war es seine Spiritualität, vielleicht sein Schicksal? Gary Young hatte, nachdem er gesundheitlich wiederhergestellt war, die Vision, Menschen Heilung zu bringen, so wie er Heilung erfahren hatte. Als er wieder gehen konnte, eröffnete er eine kleine Apotheke und verkaufte dort seine ersten, selbst hergestellten Produkte.

Schon während seines Heilungsprozesses hatte er sich intensiv mit Kräutern und ihrer Kraft beschäftigt. Keiner weiß heute, ob es Zufall oder Bestimmung war, dass Gary zur Aromatherapie kam. Er lernte einen Franzosen, einen Experten auf diesem Gebiet, kennen und durfte von ihm lernen. Im Jahr 1994 gründete er schließlich das Unternehmen Young Living in Utah, USA. Aus der kleinen Apotheke ist inzwischen ein Weltmarktführer für ätherische Öle geworden. Young Living besitzt heute die weltweit größten Anbaufarmen. Die Öle des Unternehmens sind einzigartig: Man kann sie schlucken, zum Kochen verwenden, sich damit einreiben und nicht zuletzt daran riechen.

Heute ist Young Living ein weltumspannendes Unternehmen mit etwa 4.000 Angestellten und sechs bis sieben Millionen Partnern weltweit. Es erwirtschaftet jährlich mehr als zwei Milliarden Dollar, ist auf jedem Kontinent der Erde vertreten und besitzt 25 eigene Farmen, die über den gesamten Globus verteilt sind. 2020 war es das siebtgrößte Network-Marketing-Unternehmen der Welt.

Dennoch ist die Firma nach wie vor in Familienbesitz. Gary lebt allerdings nicht mehr. Seine Witwe leitet heute die Firma, seine beiden Söhne sind ebenfalls im Unternehmen tätig. Garys Frau war es auch, die das Network-Marketing-Konzept – das nicht von Anfang an zur Firmenstrategie gehörte – ins Unternehmen gebracht hat, um den Verkauf der Produkte zu fördern. Garys Vision war, die Öle so vielen Menschen wie möglich zu erschließen. Weil er sich mit Vertrieb nicht auskannte, bildete er sich intensiv weiter, besuchte viele Messen und Ausstellungen. Schließlich lernte er seine Frau Mary kennen, die sich damals schon mit Network-Marketing auskannte. Sie konnte ihn schließlich von diesem Geschäftsmodell überzeugen. Es war der beste Weg, um die Öle tatsächlich unbegrenzt vielen Menschen zugänglich zu machen. Daraus ist in nur wenigen Jahrzehnten dieses großartige Unternehmen entstanden. Viele Öl-Mischungen basieren auf Garys eigenen Rezepten. Wir sind sehr glücklich und vor allem sehr dankbar, Teil dieses Unternehmens zu sein. Wir haben mit Young Living nicht nur eine weltweit erfolgreiche Network-Marketing-Firma im Rücken, sondern es zeigt sich gerade jetzt, während der Corona-Pandemie, wie absolut krisensicher unser Business ist. Das verdanken wir ausschließlich der Unternehmensphilosophie, die Gründer Gary Young konstituiert hat. Er hatte von Anfang hohe ökologische Ansprüche an Produkte und Produktion. Das hat er mit firmeneigenen Farmen rund um den Globus etabliert. Die Öle gelten als die besten und reinsten der Welt und sind so wirksam, dass sie in Zeiten, in denen Menschen Angst um ihre Gesundheit haben, einen zusätzlichen Schutz bieten können.

Als Network-Marketing-Unternehmen lebt Young Living natürlich davon, dass kontinuierlich neue Partner an Bord kommen.
Dazu versuchen wir, unseren Beitrag zu leisten. Doch es geht um weit mehr als das: Young Living ist ein Unternehmen, das hochkarätige Produkte für die Gesundheit und ein chemiefreies Leben anbietet. Natürlich wollen wir mit dem Verkauf dieser Produkte und dem Geschäftsmodell Umsatz machen, und Gewinne zu generieren, ist unser Job. Doch während der Corona-Krise wird uns allen wieder bewusst, dass Gesundheit das Wichtigste im Leben ist. Wir alle wollen gesund bleiben oder wieder gesund werden.

Wir haben das Privileg, die Gesundheit anderer zu unterstützen. Die Corona-Krise hat deutlich gezeigt, wie hochgradig wirksam die Young-Living-Produkte sind, allen voran die reinen ätherischen Öle. Wir stehen tausendprozentig hinter jedem einzelnen Produkt.

Young Living ist eine der wenigen, wenn nicht sogar die einzige Network-Marketing-Firma, die fast alle Produkte selbst produziert. Doch nicht nur das, auch die Rohstoffe werden auf eigenen Farmen angebaut. Dadurch ist Young Living unabhängig von anderen Unternehmen und Faktoren, die in Krisenzeiten zusammenbrechen könnten. Das macht dieses Unternehmen so einzigartig. Gerade in diesen Zeiten - und wir wissen derzeit nicht, wohin die Reise noch gehen wird – hatten unzählige Produzenten Probleme damit, die Rohstoffe für ihre Produkte zu bekommen. Manche Network-Marketing-Firma konnte gar nicht mehr produzieren. Sämtliche Prozesse waren unterbrochen. Young Living ist eine der wenigen Firmen, die während des Lockdowns, als alle Lebensbereiche zum Stillstand kamen, überhaupt noch produzieren durfte, weil das Unternehmen Produkte zur Gesunderhaltung herstellt. Die über viele Jahre aufgebauten Farmen verleihen Young Living in solche einer Krise Stabilität und Sicherheit. Denn dadurch hat das Unternehmen alle Prozesse selbst in der Hand.

Bei uns ist in den Krisen-Monaten viel passiert. Da Young Living Produkte anbietet, die die Gesundheit unterstützen, die Menschen widerstandsfähiger machen und Bakterien und Viren bekämpfen können, war das Unternehmen von der Krise quasi nicht betroffen. Im Gegenteil: Bei einigen ätherischen Ölen kam Young Living mit der Produktion fast nicht hinterher. Wir verzeichnen seit März 2020 unglaubliche Umsatzzuwächse, während die meisten Network-Marketing-Unternehmen große Umsatzeinbußen hinnehmen mussten.

Jeder einzelne unserer Partner hat in dieser Situation erkannt, dass es mehr denn je darum geht, uns gut vor Ansteckungsgefahren zu schützen. Viele Menschen wurden sich plötzlich dessen bewusst, wie wertvoll ihre Gesundheit ist und fingen an, aktiv etwas dafür zu tun. Viele ernähren sich heute gesünder und hinterfragen ihren Lebensstil. Wir beide glauben, dass sich auch nach der Corona-Krise dieses neue Bewusstsein langfristig weiterentwickeln und bleiben wird.

Wir haben so viele Produkte im Programm, mit denen man seine Gesundheit schützen kann. Diese macht Young Living mit seinem weltweiten Netzwerk unzähligen Menschen zugänglich.

Wir kennen jedes einzelne Produkt und seine Wirkung seit vielen, vielen Jahren und sind, weil wir sie täglich nutzen, gesund. Dafür sind wir sehr dankbar. Auch unsere Partner vertrauen den Produkten und wissen um die hohe Qualität. Als wir in Europa mit Young Living gestartet sind, haben wir diesen ökologischen und gesundheitlichen Ansatz sofort erkannt. Und wir haben schon damals vorausgesehen, dass sich ein neues ökologisches Bewusstsein in unserer Gesellschaft entwickeln wird. Damit waren wir im Jahr 2002 der revolutionären Greta Thunberg um Jahre voraus.

Heute sind wir mit unserem Netzwerk in Europa ganz vorn mit dabei. Dass ich 2001 auf Young Living gestoßen bin, war Zufall und großes Glück. Ich war damals als Fahrer für eine befreundete Ärztin tätig. Als sie von einer Amerikareise zurückkam, zeigte sie mir die Young Living Öle, die sie dort kennengelernt hatte. Als ich sie zum ersten Mal probiert hatte, war ich sofort überzeugt und habe begonnen, sie bei meinen Massagen zu verwenden. Das schlug ein wie eine Bombe! Meine Klienten haben sie geliebt. Daraufhin habe ich begonnen, sie zu verbreiten. Ein Jahr später haben Ulli und ich die tragfähige Unternehmensbasis für unser Business geschaffen. Ulli hat ein großes Talent für Verkauf und Marketing und ihr unternehmerischen Geist hat uns von Anfang an auf unserem Weg begleitet. Heute träumt sie davon, erfolgreiche Teams in Afrika und Indien aufzubauen und ich bin sicher, wir werden noch in vielen Ländern Menschen von der großartigen Geschäftsidee und den hochwertigen Produkten von Young Living begeistern.

Dass wir beide die Wertigkeit und die Möglichkeiten, die Young Living bietet, sofort erkannt haben, war unser größtes Glück. Es hat unser Leben verändert und sich zig-tausendfach bewährt. Wenn wir rückblickend auf die entscheidenden Meilensteine der letzten zwanzig Jahre schauen, haben wir eine beeindruckende Bilanz:

Der erste große Schritt war 2001/2002, als wir Young Living für uns entdeckten. Der zweite erfolgte 2010/2011, als wir begannen, unsere geschäftliche Ausrichtung vom Schwerpunkt Produktverkauf hin zum Netzwerkaufbau zu ändern. Basierend auf unserer Leidenschaft für die Produkte haben wir erkannt, dass wir auch das Geschäftsmodell mit seiner Netzwerkidee leben und verbreiten wollen. Erst als wir die Chancen des Geschäftsmodells in ihrer Gesamtheit erfasst haben, stellte sich langsam, der große Erfolg ein. Das war der größte Schritt auf unserem Erfolgsweg, ein Richtungswechsel, der unser Leben noch einmal grundlegend verändert hat. Seit wir unseren Fokus auf den Aufbau des Young Living Netzwerks gerichtet haben, sind wir europaweit groß geworden.

Heute geben wir unsere Energie in die Schulungen unserer Partner.
Als wir 2015 in den höchsten Rang „Royal Crown Diamond" aufgestiegen sind, also die höchste Spitzenposition im Netzwerk erreicht hatten, ist uns die große Verantwortung für unsere damals fast 30.000 Partner bewusst geworden. Betrachten wir heute rückblickend unseren Werdegang, haben wir eine ganz untypische Network-Marketing-Karriere hingelegt. Wir haben in den ersten Jahren nur das Produkt gesehen und wollten zwar Kunden, nicht aber unbedingt Partner ins Boot holen. Andere Network-Marketing-Unternehmen stellen hauptsächlich die Vorteile des Geschäftsmodells in den Vordergrund, aber der große Unterschied zu Young Living liegt darin, dass unser Unternehmen in vielerlei Hinsicht nicht nur gute, sondern die besten Produkte hat – ökologisch und gesundheitlich.
So sind wir über die Jahre zu echten Experten in der Anwendung der Öle geworden und das geben wir natürlich an unsere Partner weiter.

ULLI ERZÄHLT Young Living ist ein Wirkstoff-maximierendes Unternehmen, ganz im Gegensatz zu den meisten anderen Network-Marketing-Firmen, die Gewinn-maximierend agieren. Das macht Young Living so besonders. Da fast alle Rohstoffe vom Unternehmen selbst angebaut und die Produkte selbst produziert werden, wissen wir genau, was wir in den Händen halten, wenn wir ein Öl verkaufen. Young Living kauft kaum Rohstoffe zu und hält dadurch die Qualität seiner Produkte hoch. Viele Öle auf dem Markt sind mit synthetischen Stoffen gepanscht, was die Verbraucher jedoch nie erfahren. Doch wer einmal seine Nase an ein Young-Living-Öl gehalten und dessen Wirkung gespürt hat, bemerkt sofort den Unterschied. Nicht umsonst gelten sie als die besten Öle der Welt. Vijay und ich kennen viele andere Netzwerke, die ähnliche Produkte vertreiben und sehen, dass bei diesen das Marketing im Vordergrund steht. Es geht in erster Linie darum, Geld zu verdienen, das Produkt im Hintergrund ist fast egal. Zudem wird heruntergespielt, dass synthetische Stoffe in den Produkten enthalten sind oder der Anbau der Rohstoffe ökologisch nicht vertretbar ist. Danach kräht allerdings kein Hahn, weil die Partner mit Vollgas das Netzwerk pushen. Wir erleben jedoch gerade einen Wandel – die junge Generation ändert sich. Die Leute fragen nach. Sie wollen wissen, wo etwas herkommt und wie der ökologische Fußabdruck eines Produktes aussieht. Wir sehen, dass ein ökologisches Bewusstsein weltweit wächst, und wir treffen mit Young Living diesbezüglich genau den richtigen Nerv. Das rasante Wachstum unseres Business bestätigt das.

Dieses Push-Verhalten vieler anderer Unternehmen ist unserer Meinung nach einer der Gründe, warum so viele Menschen negativ gegenüber diesem Geschäftsmodell eingestellt sind. Es geht immer nur darum, zu pushen, pushen, pushen und ganz viel Geld zu verdienen. Doch das ist falsch. Das Produkt ist wichtig. Denn das ist es, wofür die Menschen Geld bezahlen. Das Versprechen, schnell Geld zu verdienen, kann nur eingehalten werden, wenn man mit hervorragenden Produkten konsequent für eine Weile Vollgas gibt. Vijay und ich sind überaus glücklich, dass bei Young Living Philosophie, Produkte und Geschäftsmodell stimmen und die Menschen und ihre Bedürfnisse im Vordergrund stehen.

Wir glauben nicht an diese lauten „Werde schnell reich"-Versprechen oder überhaupt an dieses Prinzip des schnellen Reichtums. Alle, die in unserem Netzwerk die hohen Ränge erreicht haben und viel Geld verdienen, haben auch intensiv daran gearbeitet, um dorthin zu kommen. Niemand von diesen Leuten protzt mit seinem Geld herum. Solche Menschen findet man bei Young Living kaum. Uns ist noch keiner begegnet. Fast jeder spendet Geld an Sozialprojekte des Unternehmens, denn in dieser Richtung ist Young Living sehr engagiert. Zudem bietet das Unternehmen Sozialreisen an, bei denen die Partner Menschen, die unter schlechten Bedingungen leben, unterstützen können. All das macht den ganz, ganz großen Unterschied zu vielen anderen Marketing-Netzwerken aus. Bei Young Living geht es nicht nur ums Geld verdienen. Das hat uns die Corona-Krise deutlich vor Augen geführt. Diese Krise ist für uns und viele Partner die große Chance, Menschen in ihrer Gesundheit zu unterstützen und das wird auch nach Corona bleiben. Vijay und ich sind davon überzeugt, dass Young Living auch in Zukunft erfolgreich sein wird. Der Grundstein dafür liegt in der Firmenphilosophie, die sogar preisgekrönt ist. Young Living bekommt immer wieder renommierte Umweltschutzpreise und die höchsten ökologischen Auszeichnungen, die es gibt. Das Unternehmen arbeitet nachweislich vollständig klimaneutral.

Die Unternehmensleitung hat beispielsweise 2018 ein neues Firmengebäude bauen lassen, das komplett ökologisch und klimaneutral ist. Sämtliche Prozesse im Unternehmen stehen laufend auf dem Prüfstand. Alles wird in Richtung Umweltschutz umgestellt, damit das Unternehmen in jedem Bereich vorbildlich wird.

Doch für Young Living ist dieser Weg nicht neu, Gary hat ihn von Anfang an beschritten. Mit dieser Philosophie war das Unternehmen immer schon ein Vorreiter. Mithilfe neuer Technologien und innovativer Entwicklungen wird aktuell jeder Bereich erneut optimiert. Das wird nicht laut nach außen kommuniziert, doch wir wissen es und es macht uns stark. Wir bleiben diesbezüglich stets auf dem Laufenden und informieren uns regelmäßig vor Ort. So werden bei der Anpflanzung der Rohstoffe, aus denen die Aromen für die ätherischen Öle gewonnen werden, weder Pestizide noch Gentechnik eingesetzt.

Alles ist rein und natürlich. Davon kann sich jeder selbst auf den Farmen überzeugen.

Alles ist transparent. Darum empfehlen wir unseren Partnern, die Farmen zu besuchen und sich alles selbst vor Ort anzusehen. Denn nur, wer weiß, was hinter den Kulissen passiert, kann auch andere voller Überzeugung für die Produkte begeistern.

ANHANG

In den letzten Jahren haben wir unglaublich viele Materialien, Online-Kurse, Unterlagen, u.v.m. für unser Team entwickelt. Die meisten Materialien stehen nicht nur für unser Team zur Verfügung, sondern für alle Menschen, da es uns ein großes Anliegen ist, diese großartige Möglichkeit des Network-Marketings in die Welt hinaus zu tragen.

Denn.... „Gemeinsam werden Träume wahr!"

Auf der nächsten Seite gibt's wichtige und hilfreiche Links zum Thema.

Link-Tree… unsere wichtigsten Webseiten

Dreambuilders Webseite:

https://dreambuilders.vision

Infobroschüre „Oil up your life“

https://shop.aromaakademie.com/oil-up-your-life-deutsch

Webinar Network-Marketing

https://dreambuilders.vision/mlm

Werde „Dreambuilder“

https://dreambuilders.vision/starten

Infos & Produkte

https://myoilystart.com

Komm‘ zu uns auf Facebook

https://facebook.com/groups/YLdreambuilder

Und wer bei uns direkt vorbeischauen möchte:

Dreambuilders (in der Aromaakademie)

Korneuburger Straße 49

A-2103 Langenzersdorf

Dienstag bis Freitag 09.00-13.00 & 14.00-18.00 Uhr

office@dreambuilders.vision

+43 (0)2244 215514

Anhang „Globale Einkommenserklärung" von Young Living

YOUNG LIVING 2020 GLOBALE EINKOMMENSERKLÄRUNG

Als Direktverkaufsunternehmen für ätherische Öle, Nahrungsergänzungsmittel und andere Lifestyle Produkte bietet Young Living Gelegenheiten für seine Brand Partner ein Geschäft aufzubauen oder einfach Rabatte auf die Produkte zu erhalten. Was auch immer das Interesse an unserem Unternehmen ist, wir hoffen, Interessierte bald zu den Millionen zu zählen, die uns in unserer Mission unterstützen, die einzigartigen Vorteile ätherischer Öle in jedes Zuhause der Welt zu bringen.

WAS SIND MEINE EINKOMMENSCHANCEN?

Kommissionen und Boni können wie in unserem Vergütungsplan beschrieben verdient werden. Wenn Brand Partner im Rang bei Young Living aufsteigen, bieten sich ihnen entsprechende zusätzliche Einkommenschancen.

RANG	PROZENTSATZ ALLER BRAND PARTNER[1]	JÄHRLICHES EINKOMMEN[2]				DURCHSCHNITTLICHE MONATE ZUM ERREICHEN EINES RANGES[3]		
		Niedrigstes	Höchstes	Durchschnitt	Median	Niedrig	Durchschnitt	Hoch
ASSOCIATE	87,0%	-	1,550,40 €	3,40 €	-	-	-	-
STAR	9,5%	-	2,951,20 €	184,45 €	105,40 €	1	8	301
SENIOR STAR	2,1%	-	44.106,50 €	1,122,00 €	967,30 €	1	14	297
EXECUTIVE	1,0%	45,05 €	85,646,00 €	2,754,85 €	2,414,00 €	1	19	301
SILVER	0,3 %	494,70 €	200,305,90 €	11,265,90 €	8,246,70 €	1	27	299
GOLD	0,1 %	2.853,45 €	452.268,85 €	36.742,95 €	29.175,40 €	1	40	277
PLATINUM	< 0,1 %	11.645,00 €	834.039,55 €	89.683,50 €	73.487,60 €	1	49	256
DIAMOND	< 0,1 %	55,378,35 €	1,407,254,05 €	252,401,55 €	199,636,95 €	11	63	291
CROWN DIAMOND	< 0,1 %	145,508,10 €	1,794,055,90 €	520,664,95 €	398,773,25 €	20	68	275
ROYAL CROWN DIAMOND	< 0,1 %	296.114,50 €	2,656.869,65 €	1,162,250,90 €	976,989,15 €	30	84	275
ALLE BRAND PARTNER	100%	-	2,656,869,65 €	192,95 €	-	-	-	-

Dieses Dokument gibt einen statistischen Überblick über die finanziellen Daten durchschnittlichen Einkommens von Brand Partnern und Informationen darüber, wie verschiedene Ränge erreicht werden. Die Provisionen erfolgen unter Verwendung eines Festzinssatzes, ab Ende 2019 für GBP und EUR; ab Juni 2020 für SEK und ab Oktober 2020 für RUB (0,85 für EUR, 0,73 für GBP, 9,6 für SEK und 67,8 für RUB). PEG Raten werden genutzt, um die Verkaufspreise und Kommissionsauszahlungen jedes Marktes zu standardisieren und so einen konstanten, beständigen Einkommensfluss zu bieten, trotz der sich ständig ändernden Wechselkurse.

Die Einkommensstatistik in dieser Erklärung bezieht sich auf die Einkommen aller weltweiten Brand Partner, die 2020 aktiv waren. Ein "aktiver Brand Partner" ist ein Brand Partner, der in den letzten 12 Monaten wenigstens ein Produkt gekauft hat.[4] 56 % aller Brand Partner, die sich 2019 eingeschrieben haben, haben 2020 nichts bei Young Living gekauft. 70 % aller Brand Partner, die sich 2018 eingeschrieben haben, haben 2020 nichts bei Young Living gekauft.

Bitte beachten Sie, dass die Vergütung, die ausgezahlt wird wie hier beschrieben, nicht die Ausgaben beinhaltet, die Brand Partner für ihr Business haben. Diese können sehr unterschiedlich sein und können Werbeausgaben, Produktproben, Miete, Reisekosten, Telefon- und Internetgebühren und verschiedene Kosten beinhalten. Diese Zahlen sollten nicht als Garantien oder Projektionen für tatsächliche Einnahmen oder Profite angesehen werden. Der Erfolg des Einzelnen hängt von der Arbeit und Mühe, sowie den Verkaufsfähigkeiten und der Lage auf dem Markt ab. Young Living garantiert kein Einkommen oder Aufsteige-Erfolge.

1. *Der Rang eines Brand Partners kann sich im Laufe eines Jahres ändern. Diese Prozentsätze basieren auf dem höchsten erreichten Rang der Brand Partner innerhalb eines Jahres.*
2. *Dieses Einkommen ist kategorisiert auf Basis des höchsten erreichten Ranges, den individuelle Brand Partner innerhalb des gesamten Jahres erreicht haben und kann Einkommen enthalten, das mit einem niedrigeren Rang erzielt wurde.*
3. *Diese Statistiken sind beschränkt auf die, die diesen Rang 2020 erstmalig erreicht haben.*
4. *Brand Partner, die nicht mindestens ein Produkt in den vorangegangenen 12 Monaten gekauft haben, werden als inaktiv angesehen.*

Printed in Poland
by Amazon Fulfillment
Poland Sp. z o.o., Wrocław

18432372R00105